AF464897

ESSAI

SUR

LA MONARCHIE

HÉRÉDITAIRE ET FÉDÉRATIVE.

ESSAI

SUR

LA MONARCHIE

HÉRÉDITAIRE ET FÉDÉRATIVE;

PAR

M. LE VICOMTE A. DE MARGUERYE.

Vitam impendere vero.

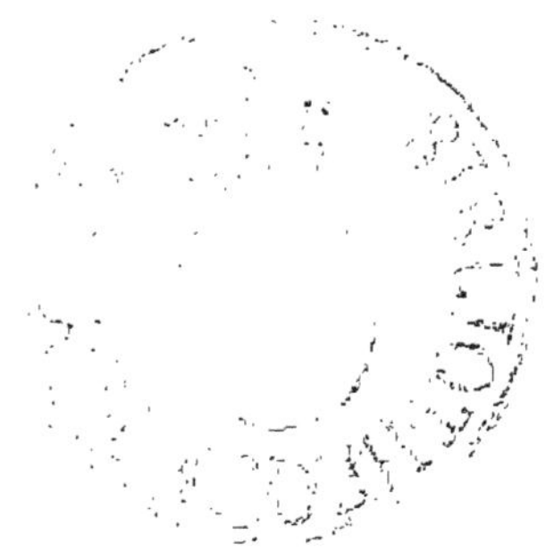

PARIS,

ABEL LEDOUX, libraire, quai des Augustins, n° 57;
DENTU, Palais-Royal;
BRICON, rue du Vieux-Colombier, n° 19;
HYVERT, quai des Augustins, n° 55;
MARTIN, rue de Richelieu, n° 63;
DE BERTHIER, Place de la Bourse, n° 9;
Et les Marchands de Nouveautés.

1832.

A M. le Chevalier

CASIMIR DE LA LAUZIÈRE.

Mon cher Casimir,

Il y a quinze ans passés que nous nous sommes vus pour la première fois, et depuis ce moment nos cœurs se sont toujours compris, et nous n'avons pas dévié de la ligne que nous nous étions tracée au matin de notre vie. Nous aimions alors avec enthousiasme la patrie et la liberté : nous les aimons encore. Les sentimens qui nous animaient aux jours du bonheur ne nous ont point abandonnés quand a sonné l'heure de l'adversité, et la révolution a pu détruire nos projets, décolorer notre existence, mais non dévorer notre avenir. L'avenir est à nous, car nous avons des doctrines, de l'honneur et de la probité; nos adversaires n'ont que des passions, des intérêts et des haines; nos principes ont gouverné la France pendant quatorze cents ans, le règne de nos adversaires n'a peut-être pas duré, à différentes reprises, un demi-siècle; et si maintenant ils triomphent, la faute en est à nos chefs qui n'ont pas connu leur temps et ont mal choisi leurs serviteurs; et pourtant, malgré notre désunion, nous tenons les vainqueurs en échec par la seule force de nos principes.

Oui, mon ami, un jour viendra où, par nécessité, les honnêtes gens de toutes les nuances d'opinion, se réuniront pour sauver la patrie; et c'est la profonde conviction que j'ai que la France ne peut être sauvée que par l'union des hommes de bien, qui m'a porté à chercher les moyens de lier les temps passés avec les temps présens par des institutions en harmonie avec les mœurs. J'ai intitulé mon travail : *Essai sur la monarchie héréditaire et fédérative ;* car je pense qu'il n'y a pas de liberté possible pour une nation grande, vieille et avide de jouissances, sans royauté héréditaire ; et qu'il n'y a pas de bonheur pour elle avec la centralisation qui étouffe le talent, et donne tous les emplois à l'intrigue.

Tout le problème consiste donc à rendre les provinces libres de s'administrer, et à les unir par un lien fédératif qu'aucune ne pourra briser, et qui conservera à la France l'unité nécessaire à sa puissance.

J'ai préféré la forme du discours à toute autre, parce qu'elle est la plus pittoresque, et j'ai pris pour auditeur le peuple, c'est-à-dire l'universalité des habitans du pays, car tout gouvernement doit tendre spécialement à leur bonheur; parfois par le mot peuple j'ai entendu l'humanité, parfois les classes pauvres de la société.

Cet ouvrage a été ébauché sous tes yeux, et c'est toi qui m'as engagé à le terminer; il sera donc pour toi comme pour moi un vivant témoin qui attestera qu'aux jours du triomphe de la révolution, nous avons toujours hautement professé la foi religieuse et politique que nos pères nous ont transmise.

Puisse, mon cher Casimir, ce souvenir d'amitié embellir tes longues promenades sur les montagnes de la bonne et catholique Provence, et verser une goutte de bonheur sur les ennuis de ta vie. Hélas ! ils sont loin de nous ces jours où, tranquilles sur l'avenir, nous errions, en rêvant, au sein de la foule parisienne qui secouait gaiement les grelots de la folie. Des temps orageux sont arrivés, tâchons, ô mon ami, de ne pas descendre au-dessous; et, quel que soit le sort qui nous est réservé, conservons toujours le calme que donne une bonne conscience et la joie d'avoir fait son devoir.

Adieu, mon ami.

Paris, le 20 janvier 1832.

ESSAI

SUR

LA MONARCHIE

HÉRÉDITAIRE ET FÉDÉRATIVE.

PREMIÈRE PARTIE.

SOMMAIRE.

L'esprit de révolution fait le malheur du peuple. — L'édifice social a pour fondement la religion; — pour murailles les lois civiles; — pour ciment l'hérédité dans l'ordre civil chez les peuples enfans, et chez les peuples vieux l'hérédité dans l'ordre civil et politique; pour faîte la légitimité.

Peuple,

C'est à toi que je m'adresse, car c'est en toi seul que réside la force et l'énergie nécessaires pour retirer la France de l'abîme dans lequel la révolution (1) l'a plongée. Depuis quarante années des sycophantes de tout genre et de toute condition se sont fait un jeu d'abuser de ta simplicité : leurs discours mensongers caressaient ta vanité, te promettaient l'aisance et le bonheur,

---

(1) Par le mot *révolution*, pris dans un sens absolu, je n'entends pas seulement un changement quelconque dans les états, mais cet esprit de désordre, d'anarchie et de crime qui depuis quarante ans bouleverse l'Europe, et principalement la France.

et, par la route fleurie de l'espérance, toujours ils t'ont conduit au précipice, au fond du quel gisent la misère et la douleur. Mu par le sentiment de ta conservation, éclairé par tes besoins, chaque fois qu'ils t'ont trompé tes regards se sont reportés avec amertume vers le passé ; mais les auteurs de ta ruine, du sommet de tes flots bruyans, déjà s'étaient élancés aux premiers postes de l'Etat ; et, la coupe du pouvoir à la main, s'enivrant, à longs traits, du poison de la flatterie, ils insultaient, avec leurs courtisans, à ta bonne foi, qu'ils nommaient de la grossièreté, et se partageaient les richesses, fruit de ton travail, avec une indigne perfidie.

Cette histoire des quarante années qui viennent de s'écouler, ô Peuple, est hélas! ton histoire depuis l'origine du monde ; et ces malheurs qui te surviennent si fréquemment sont en partie ta faute, car ton oreille, plus susceptible que celles des rois, ne s'ouvre qu'aux accens de la flatterie, et repousse l'austère vérité. Parfois, dans différens pays, tu as nommé des magistrats pour ta défense, mais ce pouvoir que tu leur confiais pour te protéger, ils l'ont employé à servir leurs intérêts personnels, et souvent même ils t'ont traité avec mépris.

Et moi aussi, Peuple, je te mépriserais, et mon énergique pensée resterait captive, silencieuse au fond de mon ame, si je n'avais lu au livre de la vie (1) : *Il faut aimer Dieu par-dessus toutes choses et son prochain comme soi-même* (2) ; si l'apôtre ne m'avait dit : *Le Christ est mort pour tous* (3).

Je m'efforcerai donc de remplir la tâche qui m'est imposée

---

(1) Diliges Dominum Deum tuum ex toto corde tuo, et in totâ animâ tuâ, et in totâ mente tuâ. (St Matth., c. xxii, v. 37.)

(2) Diliges proximum tuum sicut te ipsum ; c. xxii, v. 39.

(3) Pro omnibus mortuus est Christus. (Paul. ii. Cor. c. v, v. 15.)

avec l'existence; je servirai mes semblables autant que je le pourrai ; je descendrai s'il le faut snr la place publique, et ma voix âpre et sévère luttera contre les clameurs des passions et proclamera la vérité.

Tribun (1), par mon propre mouvement, je sais à quoi je m'expose, car tes récompenses pour ceux qui ne te flattent pas sont l'insulte et l'outrage : mais j'ai fait mon choix avec réflexion, et des routes qui s'ouvraient devant moi, quand mon âge d'homme a sonné, j'ai pris la route solitaire du devoir et de la vérité, de préférence à celle, bruyante et orageuse, qui est recherchée avec ardeur par les amans de tes acclamations et de tes faveurs passagères.

C'est en toi, Peuple, que repose ton salut, et pour te sauver tu n'as qu'à le vouloir; car ce serait en vain que tu attendrais ton bien-être exclusivement des classes élevées de la société; l'égoïsme et la mollesse, que la richesse enfante, les ont énervées, et les privent de cette vertu mâle et sauvage nécessaire pour restaurer les vieux empires.

Un tableau rapide où je les ferai toutes apparaître, par masses, te prouvera la vérité de mon assertion. Qui voyons-nous au sommet de la société? des hommes revêtus de titres d'honneur, dont quelques-uns, sans doute, sont dignes de toute notre estime, et ont compris leur haute mission(2), mais dont malheureusement la majorité se reposant mollement sur

---

(1) Le mot *tribun* se prend d'habitude en mauvaise part, et beaucoup de personnes pensent que démagogue et tribun sont synonymes; elles se trompent : le tribun est celui qui défend les droits du peuple, et ce rôle est sublime; le démagogue est celui qui excite les passions du peuple et le pousse à l'ochlocratie : malheureusement l'ambition et l'amour d'une vaine popularité égarèrent souvent les tribuns romains, qui furent créés l'an de Rome 261 (avant J.-C. 491). (TITE-LIVE, liv. II, § XXXIII.)

(2) La Chambre des pairs, en se votant des pensions, tandis que la Cham-

l'ancienne influence d'un nom antique, ou de vieux services, est restée en arrière de son temps, et est devenue inhabile à rien faire de grand et d'utile pour le pays.

O nobles, que votre rôle était beau, placés comme vous l'étiez à la tête de la nation, si votre cœur n'eût palpité que d'amour pour la patrie, et pour l'antique honneur que vous ont légué vos pères ! Mais si vous ne redevenez forts et énergiques, tels enfin qu'étaient vos aïeux, je vous en avertis, vous disparaîtrez dans la nouvelle société qui surgit, comme la longue caravane qui s'engloutit sous le sable du désert ; car il ne suffit pas d'avoir un beau nom, il faut montrer que vous êtes dignes de le porter, il faut chérir son pays et défendre les libertés publiques : c'est pour remplir cette tâche généreuse que l'hérédité vous a été conférée, en accomplissant votre devoir, vous mériterez bien de votre temps, et vous obtiendrez l'estime de l'avenir.

Et dans ces classes qui s'occupent spécialement de finances, banquiers, agens de change, fournisseurs, modernes Lucullus qui n'estiment rien que par sa valeur numéraire, et dans les hommes ne voient que des bourses ambulantes, combien peu échapperaient aux reproches que leur adresse l'opinion publique ! combien peu résistent à cette passion désordonnée de s'enrichir qui est la source de tous les vices ! Rien de grand ne peut s'allier avec l'amour de l'or : il gan-

---

bre des députés donnait gratuitement son temps au pays, a souillé sa dignité.

En se laissant décimer par la Chambre des députés, de souveraine qu'elle était, elle s'est rendue vassale, et le mépris a été la récompense de sa lâcheté.

Enfin toutes les familles qui entouraient le trône, en ne s'occupant, durant les quinze années de la restauration, que de leurs intérêts personnels, se sont attiré l'animadversion des cœurs généreux, et il leur faudra de grands services rendus à la patrie, pour se relever de leur chute dans l'opinion ; chute qui a causé le malheur actuel de la France.

grène le cœur, éteint dans l'ame tous les sentimens généreux, et les remplace par la férocité. De l'or! de l'or! tel est le cri du siècle, et la société entière est agitée par une foule de prodigues avares qui crient de l'or! ils te caressent, pauvre Peuple, ils te promettent le bonheur (1), et quand ton bras puissant a détruit tous les obstacles qui s'opposaient à leurs vœux, ils t'imposent leur joug, torturent tes membres douloureux pour en extraire de l'or, et leur bouche répète toujours : De l'or!

De l'or! de l'or! crient le notaire et l'avocat, dépositaires de la fortune et des secrets des familles, et non contens des énormes profits de leur profession, combien n'en voyons-nous pas qui trahissent la confiance de leurs cliens et souillent par l'infidélité la dignité de leur ministère!

De l'or! de l'or! dit aussi le médecin, qui, placé comme un dieu aux bornes de la vie, livre combat à la mort.

O Peuple, comment un grossier matérialisme peut-il infecter autant de membres de cette profession sainte? Comment leur cœur peut-il s'ossifier au point qu'il y en ait qui laissent périr le pauvre sans secours, parce qu'il n'a pas d'or, et qui, au contraire, font languir le riche parce qu'il en a?..

Mais cessons de nous étonner, ô Peuple, de cette profonde corruption qui ronge la société. L'homme est une argile molle qu'il faut façonner dès l'enfance. Et d'où sortent tous les in-

---

(1) C'est parce que les masses sont ignorantes, grossières et stupides, et qu'elles se laisseront toujours prendre aux mêmes promesses, qu'il est affreux de les tromper.

Le premier soin des gouvernans doit être de veiller à la nourriture du peuple, en encourageant l'industrie et surtout l'agriculture, et c'est ici que le Christianisme déploie toute sa grandeur; car, tandis que l'orgueil enfle le cœur du savant, et lui fait mépriser la multitude en masse, et même l'homme pris isolément, le Christianisme ne lui montre dans ces êtres, en proie aux passions, que des frères égarés, dont il doit s'efforcer de soulager les maux.

dividus compris dans les catégories ci-dessus? N'est-ce pas de ces écoles esclaves, où des maîtres salariés viennent à regret, à des heures fixes, jeter quelques mots grecs ou latins dans l'oreille des enfans? Et quand ils ont bien récité la leçon qu'un pédant leur a dictée, ne sont-ils pas abandonnés à eux-mêmes, sans qu'un accent de vérité soit prononcé devant eux? Qui cultive leur cœur? Qui défriche leur ame? Qui leur montre cette grande idée du devoir qui doit toujours précéder l'homme comme un brillant fanal? — Personne. — Ils sortent enfin de ces lieux impurs, et quand ils entrent dans le monde, ils voient que le seul moyen de parvenir est de ramper, et que tout ce qui est noble, grand, généreux, est accueilli avec le rire du dédain par la médiocrité insolente; entraînés par l'exemple et par leurs passions ils rampent donc, et se font vils pour parvenir.

Mais si l'instruction était libre, il se trouverait des hommes forts qui, par amour et dévouement pour l'humanité, créeraient des écoles où l'ame serait cultivée, et l'on en verrait sortir des jeunes gens qui flétriraient du fer brûlant du mépris les professeurs de bassesse, et n'auraient pas honte d'aimer leurs semblables et de se consacrer à leur service.

Nous ne verrions plus cette tourbe ignoble de savans orgueilleux, qui ont érigé leur ventre en dieu, et lui sacrifient tout. Les travaux publics dirigés par des intelligences pures marcheraient rapidement à leur fin, et la France, couverte de canaux, de routes commodes et d'édifices grandioses, s'élèverait au milieu des nations comme un phare éclatant.

Mais poussés par une vanité et une avarice coupables, ô Peuple, la plupart des directeurs des travaux de l'État changent les plans de leurs prédécesseurs, et détruisent toute unité dans l'ensemble des conceptions.

Et c'est ainsi que les améliorations d'utilité publique sont retardées indéfiniment, et que les sueurs du pauvre inondent par torrens le sol de la patrie sans le fertiliser.

Descendons maintenant, ô Peuple, descendons vers cette classe qui te vend à faux poids, à courte mesure, et se sert de tes larges épaules, comme d'un marche-pied, pour s'élever aux richesses, et des richesses au pouvoir. Dévorée d'envie contre les classes élevées de la société, dont elle essaie vainement d'imiter l'urbanité, elle n'a qu'une insupportable raideur, une ridicule susceptibilité. Enfin, pleine de mépris pour toi, elle ne peut égaler ta sauvage énergie, ni ta pittoresque causticité; et placée entre les grands et les petits, comme le mulâtre entre l'homme blanc et le nègre, elle est toujours mécontente, fermente sans cesse, et bruit sourdement comme le volcan endormi.

Qu'elle est dure, ô Peuple, la tâche de l'homme qui s'est promis de ne jamais souiller ses lèvres par le mensonge : sa parole rude et pesante tombe dans l'oreille de l'auditeur, comme le son triste et effrayant du glas de la mort. Déjà nous avons énuméré presque toutes les catégories qui se trouvent dans la société, et nous n'en avons trouvé aucune qui s'intéresse à ton sort. Où sont donc tes amis? Tes amis sont les propriétaires qui vivent au milieu de toi, sympathisent avec toi et veillent à tes besoins; tes amis sont les manufacturiers qui emploient tes bras, et chaque semaine te comptent le salaire qui nourrit ta famille; tes amis sont ces hommes pieux et simples qui élèvent tes enfans, protègent tes filles contre la séduction, s'asseyent au pied de ton grabat quand tu souffres, et laissent humblement glisser de leur main la pièce de monnaie qu'ils ont économisée sur leurs besoins, ou la parcelle d'or qu'ils ont obtenue de la compassion de l'opulent; qui, quand la vie erre comme une étincelle sur tes lèvre pâlissantes, murmurent à ton oreille ces consolantes paroles : « *Prenez courage, ô mon fils, à la table du Seigneur il n'y a pas de place privilégiée, et le pain céleste ne manque jamais.*

Voilà, Peuple, voilà quels sont tes amis, quels sont ceux à qui tu dois t'unir, si tu veux trouver le bonheur qui t'est réservé sur la terre.

Mais une grande maladie travaille les sociétés actuelles et cause tous les fléaux qui les accablent, et cette maladie, ô Peuple, c'est l'indifférence et l'incrédulité. Quand le délire des passions tombe par momens, quand la soif de l'ambition sommeille, quand le rêve trompeur de la gloire se dissipe au midi de la vie, que reste-t-il au cœur de l'incrédule? Un vide affreux qui le dévore, une amertume qui empoisonne son existence, et cependant il ne voudrait pas mourir, car au fond de son ame vit encore l'espérance. Il est un bonheur dont jamais il n'a joui, et qu'il a toujours désiré; il ne peut le définir, et pourtant il sent que lui seul est le bien suprême. Désespéré, il se fuit lui-même, il cherche hors de lui ce bonheur qui n'est qu'en lui, mais que son orgueil l'empêche de trouver. Il court presser dans ses bras la beauté voluptueuse; il glisse ses doigts à travers les flots ondoyans de sa longue chevelure; se mire dans ses yeux qui respirent la douceur; s'enivre, à longs traits, du nectar des baisers, et quand, épuisé de fatigue, mais non satisfait, sa tête retombe sur l'albâtre velouté d'un sein palpitant d'amour, une voix répète dans son cœur : *O volupté, pourquoi m'as-tu trompé?*

Son coursier fougueux l'attend, il s'élance, et, prompt comme l'éclair, il remporte le prix sur tous ses concurrens. La foule empressée l'environne, on le complimente, on le félicite; mais, hélas! le temps poursuit sa carrière, et quinze jours après son succès est oublié, et son bonheur, fondé sur la vanité, a disparu sans retour.

Plein d'une ardeur orgueilleuse, il brigue les emplois; sa

poitrine se couvre de cordons ; ses salons sont encombrés de figures riantes ; un revers l'atteint, tout s'évanouit. Il reste seul avec lui-même qu'il a vainement voulu fuir, et ne peut que s'écrier : *Tout est néant! tout est vanité* (1)!

Mais par de hautes investigations il veut marquer sa course rapide ; il poursuit la vérité ; il décompose la matière ; il va prendre la nature sur le fait ; il monte à la plus haute sphère de l'intelligence humaine ; et plus il monte, plus il s'isole (2); il reste seul et s'épouvante de sa solitude, et pour comble de tourment, parvenu à cet apogée de l'esprit ses forces sont impuissantes pour assouvir sa curiosité ; par ses désirs il est un dieu ; il voudrait d'un pas parcourir l'univers, d'un regard en embrasser les parties, d'une pensée en concevoir l'organisation ; mais quand il s'agit d'exécuter, il marche aussi lentement que la tortue, et sa vue débile ne peut percer les obscures ténèbres dont il est environné. L'infiniment petit ne peut concevoir l'infiniment grand.

O Peuple! si tel est le triste tableau de la vie de l'incrédule pourvu de tous les dons de la fortune, quel sera donc l'existence du pauvre dont le cœur est vide de croyance? si le travail vient à lui manquer, la famine au teint have envahit son réduit, et sa compagne, pleurant dans un coin, feint de ne pas entendre ses enfans qui lui crient : Ma mère, j'ai faim!

Il sort, il erre à l'aventure en maudissant le jour où il est né. Il passe au pied des palais et entend le murmure des faux plaisirs de l'opulence : une valetaille insolente daigne à peine le regarder, et le poignard acéré du désespoir déchire de plus en plus son cœur. Il jette sur le comptoir d'un cabaret le cuivre que la pitié d'un passant lui a donné, et, dans le trouble

---

(1) Vanitas vanitatum, et omnia vanitas. (Eccl., c. 1, v. 2.)

(1) Pensée empruntée à Rivarol.

de sa raison, il cherche un remède à sa douleur. Mais les heures silencieuses s'écoulent; les rues sont désertes; l'on n'entend plus que la marche des soldats qui veillent: il rentre, et sa compagne, irritée du vil emploi qu'il a fait du denier de la bienfaisance, l'accueille avec injure; il s'irrite à son tour, s'emporte et souvent en vient jusqu'à la maltraiter, et la nuit, qui, dans son voile obscur, apporte aux humains l'oubli momentané de leurs misères, ne fait qu'accroître le malheur du pauvre sans religion. Son grenier retentit du gémissement de l'enfance, des sanglots de la mère désolée, et du ronflement grossier de l'ivrogne.

Il est pourtant, ô Peuple, un remède aux maux de la vie et pour le riche et pour le pauvre : ce remède c'est la Foi ; la Foi, flambeau sacré qui jalonne lumineusement la route de l'homme pieux; baume parfumé qui rafraîchit son cœur; manne céleste qui nourrit son ame, et rempart puissant qui le garantit contre tous les assauts que lui livrent les passions.

Tandis que l'incrédule flotte, comme un vaisseau démâté, au gré des vagues agitées, sans pouvoir trouver de place où se reposer, toujours incertain, toujours plongé dans les ténèbres, l'homme pieux reste tranquille au port à l'entrée duquel est situé le phare brillant de la Foi : car quelle que soit la somme de bonheur que la civilisation et les sciences et les arts qu'elle enfante répandent sur les sociétés, elle n'est pas suffisante, pour satisfaire aux besoins et à tous les désirs du cœur de l'homme.

La veuve que la mort a privée de celui auquel elle avait consacré sa vie; la jeune mère qui pleure sur la tombe de son premier né; celui qui n'a pu s'unir à sa bien-aimée; l'ambitieux qui voit s'enfuir toutes ses espérances, ne foulent plus la terre que d'un pied dédaigneux; c'est loin de tout ce qui est périssable, changeant et incertain, qu'ils espèrent trouver un lieu, où, pour jamais, ils pourront s'enivrer d'amour et de réalité.

Celui que le remords déchire et qui, dans les ténèbres, voit toujours les ombres de ses victimes ; celui qui languissant sur un lit de douleurs compte ses heures par ses tourmens ; celui qui n'a trouvé que la solitude au milieu du monde, et que le désert n'a pas contenté ; le vieillard débile qui frémit de terreur, quand, au sein de la nuit, le tonnerre déchire la nue avec fracas, pareils à l'enfant égaré qui pleure et crie après sa mère, n'ont qu'une voix pour demander le repos et le bonheur.

L'ame, captive dans sa prison fragile, s'indigne et s'irrite ; la terre n'a rien qui soit digne d'elle.

C'est de ce malaise général, de ce vide du cœur du riche et du pauvre, du petit et du grand qu'est née la religion (1), base et fondement nécessaires de toute société. Elle n'est pas, ainsi que l'ont avancé les athées, une invention des tyrans pour opprimer les nations ; elle est le premier besoin du cœur, le frein des puissans, le refuge des humbles, la consolation des affligés, la joie des heureux. Tandis qu'agités par leurs vaines passions, les hommes bruissent autour de ses temples, et qu'au pied de ses autels les impies viennent blasphémer et mourir, toujours douce, toujours généreuse, elle répand, le sourire à la bouche, ses innombrables bienfaits sur tous ceux qui la recherchent, et guérit, de son baume réparateur, les profondes blessures de leur ame. Le temps ne peut altérer ses

---

(1) Je n'entends point ici par le mot religion, la religion révélée exclusivement, car elle est fondée sur une base supérieure à celle que j'établis ; j'entends un culte religieux quel qu'il soit, la plus mauvaise de toutes les religions étant toujours une consolation pour l'homme, et un frein pour ses passions.

attraits ni changer ses doctrines, car, fille de l'Éternel, elle est immuable et éternelle comme lui; c'est la vérité même!

Tu sens si bien, ô Peuple, que la religion est un immense besoin du cœur, que tous les efforts des athées n'ont pu jusqu'à ce jour, et ne pourront jamais détruire chez toi toute croyance. On les vit dans le siècle dernier, trépignant de joie, s'écrier dans leurs orgies : L'infâme (1) va mourir!

L'infâme vit encore, mais eux ils sont passés!!...

Ils ne savaient donc pas, les insensés, que c'est d'elle qu'il a été écrit :

Les portes de l'Enfer ne prévaudront jamais contre elle.

La religion ne mourant pas au gré de leurs désirs, les cannibales (2) de 93, leurs dignes élèves, envahirent les temples des chrétiens, proscrivirent et massacrèrent les prêtres, démolirent, autant qu'ils le purent, tout ce qui pouvait rappeler qu'il y avait eu une religion, profanèrent tous les sanctuaires et s'écrièrent : Elle est morte!

Mais les temples magnifiques ne sont point nécessaires au culte du Seigneur ; ce n'est point l'aspect des palais brillans, des ornemens somptueux, ce n'est pas le parfum de l'encens qui le réjouissent, c'est l'offrande d'une ame pure. Ils ignoraient donc encore, les impies, que notre Dieu est né dans une étable, que son berceau fut une crèche et qu'il mourut sur une croix, abreuvé d'affronts; que pendant trois siècles et demi notre sainte religion persécutée vécut dans le mystère et la simplicité.

Soudain tandis qu'ils sommeillaient sur les dépouilles, fruit de leurs rapines, elle a reparu, moins brillante dans sa pa-

---

(1) Voltaire et ses disciples appelaient la religion catholique l'*infâme*.

(2) Cette expression n'est pas métaphorique. A Caen, les massacreurs ont mangé le major de Belzunce ; et à Reims, de semblables atrocités ont été commises.

rure, mais plus belle de sa simplicité, et sur son front majestueux, ils ont lu avec rage ces mots si vrais et si touchans (1) : Je suis venue, j'ai vu, j'ai vaincu !

O Peuple, répétons-le donc aux athées jusqu'à satiété, tous leurs efforts sont impuissans contre nos doctrines. Plus la lumière se répand et plus la Croix s'élève dans l'opinion des hommes sages; s'ils nous persécutent, nos rangs se grossissent à vue, les femmes timides deviennent courageuses comme de vieux guerriers, et l'enfant lui-même répète aux bourreaux (2) : Et moi aussi je suis soldat du Christ !

Pour mieux parvenir à leurs fins, les habiles de la faction ont renoncé à persécuter : une *religion est nécessaire pour le peuple,* disent-ils avec mépris, *et toutes les religions sont bonnes.* Ils espèrent ainsi jeter l'incertitude dans ton esprit et t'amener à une indifférence totale pour toute croyance religieuse ; et, s'il leur était donné de réussir, ce moyen serait le plus terrible de tous ceux qu'ils peuvent employer. Mais ton bon sens, ô Peuple, te révèle qu'il est impossible qu'il y ait deux vérités, car le propre de la vérité c'est l'unité ; et s'il existe une croyance qui pendant une période de dix-neuf siècles ait lutté contre les buchers, les échafauds, les cachots, *les vices de ses ministres, et son triomphe même,* et qui ait vu expirer à ses pieds l'immense majorité des sectes rivales, sorties continuellement de son sein, sans qu'elle variât et sans qu'elle vieillît, cette croyance est la vérité.

Ne craignons donc pas, ô Peuple, d'aborder ces questions vitales que les savans du jour dédaignent. Deux grands systèmes partagent le monde : l'un est le matérialisme ou le culte des sens ; l'autre est le spiritualisme ou la religion des ames

(1) Veni, vidi, vici. (CÆSAR.)

(2) Ed io cosi son pittore. (CORRÉGE.)

Avant l'avénement de Jésus-Christ le monde gémissait sous l'empire des sens ou le matérialisme ; toutes les passions, tous les vices de l'homme étaient autorisés ou excusés par l'exemple des Dieux. On voyait ruisseler le sang dans les temples, dont les voûtes se noircissaient de la grasse fumée des victimes. Les prêtres et les grands seuls entraient dans le sanctuaire ; l'immense majorité, c'est-à-dire toi, Peuple, était reléguée sous les ombres épaisses des bois séculaires, dont la politique avait entouré tous les monumens du culte, afin d'agir par la terreur sur le vulgaire. Les restes des victimes, dont les prêtres ne voulaient pas, étaient, après le sacrifice, distribués à la foule, qui, pour satisfaire son appétit, accourait aux pompes de la religion. Aucun dogme, aucune maxime, ne spécifiait les devoirs ni les droits de l'homme ; le privilége régnait sans partage ; la force faisait loi en tout et partout, et l'homme gémissait dans l'esclavage de l'homme. Jésus parut et toutes les vérités primitives rassemblées dans sa doctrine répandirent sur le monde une lumière inconnue. Les initiations secrètes perdirent leur prestige ; grands et petits adorèrent le même Dieu, répétèrent les mêmes prières et s'inclinèrent avec le prêtre devant celui qui Est. Le pauvre respira et le dogme sacré de la fraternité de l'homme retentit aux oreilles de l'esclave. Les hommes sont frères, ils s'aideront et s'aimeront mutuellement, voilà le devoir ; ils sont indépendans l'un de l'autre et ne relèvent que de Dieu seul, voilà le droit.

A ces accens sublimes, l'erreur trembla. Tuons le novateur, se dit-elle, et avec lui mourra sa doctrine. L'Homme-Dieu succomba et le monde fut affranchi. La force morale triompha ; le fait ne fit plus le droit ; et la haine contre son semblable qui remplissait le cœur de l'homme fit place à la charité divine.

O Peuple, pour te convaincre de la supériorité du Christianisme sur toute conception humaine, et de sa sublimité politique, abordons une haute question d'économie sociale, la question relative à la surabondance de la population.

Deux choses font la force des empires : la population et la richesse ; mais la richesse réelle d'un pays ne pouvant s'accroître indéfiniment, et la richesse factice ne représentant qu'une partie de la richesse réelle, sans pouvoir dépasser ni même atteindre cette dernière, il suit nécessairement de ces prémices que plus la population d'un pays augmente, et plus s'accroît la misère du grand nombre, parce qu'il se forme des centres d'activité où s'engloutissent les profits du travail de tous, et d'où surgissent quelques immenses fortunes. Enfin le besoin d'émotions, sans cesse renaissant, qui travaille le cœur humain, portant les hommes à s'entasser les uns sur les autres, dans les villes, pour éviter la monotonie des champs, et les moyens d'existence devenant de plus en plus difficiles, par suite de la concurrence, tout grand centre de population est un foyer de crimes et de corruption : de crimes, parce que les hommes violens et passionnés trouvent plus agréable d'obtenir, par la ruse ou par la force, ce qui leur est nécessaire, que de la gagner par un pénible travail ; de corruption, parce que le pauvre, sollicité par ses besoins, s'offre aux désirs du riche, qui se trouve lui-même entraîné par la facilité qu'il trouve à satisfaire ses penchans ; de sorte que le riche et le pauvre se corrompent mutuellement.

Qu'avaient donc fait, ô Peuple, les législateurs payens pour éviter ce funeste fléau des empires, la surabondance de la population ? Lycurgue avait défendu le mariage avant l'âge de vingt ans pour les femmes, et de trente ans pour les hommes, ce qui ne pouvait engendrer que la corruption : un amour infâme régnait dans toute la Grèce : les lois de Minos (1)

(1) Montesquieu, *Esprit des Lois*.

l'autorisaient, et il avait passé à Rome, où avant leur mariage, presque tous les jeunes gens riches avaient un esclave destiné à leurs plaisirs (1). Ce honteux désordre n'étant pas encore suffisant pour arrêter l'accroissement de la population, l'usage permettait l'exposition des enfans nouveau-nés sur les routes publiques, où, pour l'ordinaire, ces petits malheureux mouraient de froid et de faim, ou étaient dévorés par les bêtes. La même surabondance de population autorise le même usage à la Chine (2). Enfin le dernier remède des chefs des nations était de les lancer les unes contre les autres, comme des animaux sauvages, afin qu'elles s'entre-détruisissent. Ces guerres se nommaient guerres politiques.

Telles étaient, ô Peuple, les coutumes infâmes qui régnaient sur la terre avant que le Christianisme ne vînt l'éclairer de son flambeau divin. Il s'avançait, au milieu des nations, pur comme une jeune vierge, et sa seule présence faisait un tel contraste avec les vices de l'époque, que toutes les passions s'armèrent contre lui; mais que peut la force et la cruauté contre la vérité? Le sang de chaque martyr enfantait des milliers de néophytes, et chaque nouvelle persécution accroissait sa puissance. Enfin l'édifice du crime et de l'erreur s'écroule. Le Christianisme règne et l'humanité dégradée par l'esclavage relève noblement sa tête, et jouit de toute la plénitude des droits que le Créateur lui a accordés. Aucune entrave n'est apportée au mariage, la nature fixe elle-même, par la puberté, le moment où il peut être contracté, et ce nœud sanctifié par la pureté primitive des époux, par leur amour et leur fidélité mutuels, promet à l'avenir une immense population, car tous les vices monstrueux qui s'opposaient à son développement sont hautement condamnés et sévèrement proscrits.

---

(1) Voyez Catulle et Virgile.

(2) Voyez les recherches sur les Égyptiens et les Chinois.

Tous ces fléaux produits par la surabondance de population, que les législateurs payens n'avaient su éviter qu'en encourageant la débauche, et souvent sans pouvoir réussir, vont donc renaître et souiller le monde nouveau? Non, le Christianisme repousse le mal futur par la vertu présente. Code sublime de morale pour l'individu, et de politique pour les nations, il proclame à la face de la terre que la virginité est un état noble et saint, et que l'on peut fuir le mariage sans démériter ni devant Dieu ni devant les hommes. Une foule d'ames tendres et pieuses obéirent alors à leurs inspirations, s'associèrent pour vivre ensemble, loin du tumulte du monde, et cet écoulement donné à l'excès de la population remplaça *l'infanticide et les guerres atroces des payens* et conserva l'équilibre politique.

Des usages aussi cruels provenaient, ô Peuple, de ce que chez les anciens tout était rapporté à l'individualité du chef de famille, et rien à l'individualité de ses membres. La famille se personnifiait dans son chef, qui ramenait tout à lui; chaque société sacrifiait le bonheur de chacun de ses membres à sa gloire, et ne voyait dans toute autre société qu'un ennemi, au dépens duquel elle cherchait à vivre.

L'état habituel des peuples était la guerre, l'exception était la paix, et le but de toute guerre était l'envie de s'enrichir. Chez les modernes, au contraire, le Christianisme, en proclamant la fraternité de l'homme, a amolli la haine que les nations ne sont que trop portées à concevoir les unes contre les autres : l'état habituel c'est la paix, la guerre est l'exception, et le but de la guerre est toujours le redressement d'un grief réel ou supposé. Chez les anciens, tous les individus d'une nation étaient sujets aux conséquences terribles de la guerre; chez les modernes, les armées seules combattent, et les simples citoyens n'en souffrent qu'accidentellement; leur vie, leur liberté et leurs propriétés sont toujours garanties. Un progrès aussi avantageux pour l'espèce humaine est dû à la douceur de mœurs qui s'est répandue sur la terre depuis la promulgation de la loi d'amour ou de l'Évangile. C'est ainsi que le Christianisme, sans pouvoir extirper entièrement du cœur de l'homme les vices qui le souillent, les a tellement mitigés dans leurs résultats, que l'innocence et la faiblesse n'ont plus été ni si souvent ni si universellement victimes du crime et de l'oppression. Chez les anciens, l'enfant abandonné périssait misérablement ; le pauvre ne pouvait invoquer la charité, car les payens ne la connaissaient pas ; mais chez les chrétiens des édifices grandioses offrent un asile à tous ces malheureux ; des femmes saintes leurs servent de mères et de protectrices, et usent noblement, au milieu de ces pénibles soins, une vie qui aurait pu faire l'ornement du monde. Chez les chrétiens règne la vraie liberté, car l'individualité est sacrée, l'homme ne relève que de Dieu et ne sacrifie de son indépendance que ce qui est strictement nécessaire au maintien de l'ordre social ; mais les anciens n'ont pas même vu l'ombre de la vraie liberté, eux qui passaient continuellement du despotisme orageux de la multitude au profond silence de la tyrannie.

Telle est l'admirable organisation sociale que le Christianisme a fondée en Europe, et que les prétendus sages de 1789 et les monstres de 93 ont tenté de renverser pour y substituer le culte des sens, ou le matérialisme, et nous ramener ainsi à la barbarie des payens. Mais ton instinct, ô Peuple, ton simple bon sens te disent que la base de toute législation doit être fondée, dans sa généralité, sur une religion, c'est-à-dire, sur le rapport intime qui existe entre la partie spirituelle de l'homme et une puissance occulte et invariable que tous sentent sans pouvoir ni la comprendre ni la définir. Aussi lorsque de nos jours un avocat s'est écrié en plein tribunal : *La loi doit être athée !* Il a sapé la société dans sa base, car il a tenté de rompre le contrat qui lie l'époux à l'épouse, le sujet au souverain, et le souverain au sujet, en bannissant de la législation le serment, ou l'invocation à Dieu, comme témoin et comme garant des transactions humaines. Et pourtant le même avocat (1) a reçu solennellement le serment du roi Louis-Philippe et lui a prêté le sien, car telle est l'inconséquence de nos adversaires, qu'ils ne peuvent faire deux pas sans se contredire, et toute leur science consiste à cacher, sous l'abondance des paroles, l'absence des principes.

Poursuivons, ô Peuple, poursuivons nos hautes investigations ; voyons ce que c'est que la loi.

Le mot loi vient du verbe latin *legere*, lire ou choisir. En effet, la loi est un ordre donné aux sujets par le législateur. Primitivement la loi était écrite en vers, afin que par la mesure elle s'imprimât mieux dans la mémoire. Plus tard on grava la loi sur des feuilles de cuivre ou sur des tables de marbre. De cette dernière manière de promulguer la loi l'on pourrait conclure qu'elle tire son origine de la signification *lire*, du verbe latin *legere;* mais d'un autre côté si l'on réfléchit que la loi doit être le choix des ordres les meilleurs à donner à la société, dans son propre intérêt, l'on penchera vers la seconde signification de *legere* qui est *choisir*.

Quelle que soit au reste l'origine que l'on attribue au mot *loi*, voici l'idée invariable qu'il représente : *Ordre imposé équitablement aux sujets par le souverain.*

Telle n'est pas la signification que les libéraux donnent

(1) Je suis intimement convaincu que le même avocat, au risque de se contredire, n'hésiterait pas à demander le serment d'un homme pieux s'il y avait contestation entre eux, sans pièces probantes à l'appui de ses prétentions. Cependant, si la loi doit être athée, on ne peut demander le serment dans aucun cas, parce que la loi qui autorise le serment n'est pas athée.

au mot loi. *La loi*, disent-ils, *est l'expression de la volonté générale*, quelques-uns vont même jusqu'à avancer qu'*elle est l'expression de la volonté de tous*. Ils n'ont pas, sans doute, réfléchi qu'il est impossible de rassembler la volonté des hommes sur un même point; mais comme cette définition ne peut soutenir la discussion, ils sont forcés de revenir à la première : *La loi est l'expression de la volonté générale*. D'où il suit que cent hommes qui veulent une chose injuste ont le droit de l'ériger en loi, et de contraindre d'obéir à cette loi quatre-vingts hommes qui ne veulent pas se souiller par l'iniquité; de sorte que cet axiome libéral, *la loi est l'expression de la volonté générale*, renverse tous les principes du juste et de l'injuste, détruit la liberté de la minorité, et la réduit en esclavage au profit de la majorité.

Il découle évidemment de ces prémices que le dogme de la souveraineté du peuple crée la servitude et rend l'homme esclave de l'homme.

Une conséquence si dégradante pour l'humanité provient de ce que ceux qui proclament le dogme de la souveraineté du peuple, considèrent l'homme comme n'ayant pas de puissance supérieure à lui, et par conséquent sont athées; mais chaque homme étant indépendant de tout autre homme, il devient patent que le dogme de la souveraineté du peuple crée l'état de guerre dans la société; car la majorité n'a aucun titre ni aucun droit pour imposer sa volonté, si elle est injuste, à la minorité, et celle-ci, au contraire, a le droit de faire sa propre volonté, si elle est juste, puisque l'homme est né indépendant de l'homme, et n'est tenu d'obéir qu'à l'équité. La majorité, quand elle veut l'injustice, est donc sans cesse obligée de recourir à la force physique pour faire avancer le char de l'État.

Avec le droit substitué au fait, tout est simple et conséquent, et l'erreur des libéraux provient de ce qu'ils prennent toujours *la faculté de faire pour le droit de faire*. La souveraineté réside dans l'être absolu en puissance, en science et en charité, c'est-à-dire en Dieu (1). Le pouvoir découle immédiatement de lui dans les sociétés humaines qui, lorsqu'elles sont composées de beaucoup d'individus, ne peuvent se régir elles-mêmes, et sont forcées de confier à un ou à plusieurs chefs le soin de les gouverner. Les lois doivent être basées, non sur la volonté grossière et variable de la multitude, mais sur les idées d'ordre et de justice qui émanent de Dieu de toute éternité, et qui dans tous les temps et dans tous les lieux brillent dans l'intelligence des hommes sages. Alors l'homme n'obéit plus à son égal, c'est-à-dire à l'homme, ce qui est dégradant, c'est à son supérieur, au Créateur lui-même. Les lois sont moralement obligatoires, et leur sanction frappe avec justice ceux qui les enfreignent. Mais la loi votée par l'homme dans le cercle du monopole, et hors du droit, n'est point moralement obligatoire, sa sanction est une tyrannie, et la force physique seule peut nous obliger de nous y soumettre, quand elle n'avilit pas notre dignité, car alors le chrétien s'écrie : *Il faut obéir à Dieu plutôt qu'aux hommes* (2). Telle est la doctrine catholique, ô Peuple; et les empires sont plus ou moins heureux, suivant que les passions humaines viennent plus ou moins se mêler à cette organisation politique si parfaite : mais quelques ravages qu'elles produisent, par les révolutions qu'elles enfantent, elles ne peuvent jamais renverser l'édifice social en entier, et la partie qui reste debout sert toujours de refuge au pauvre et à l'opprimé, et de pierre d'attente pour les nouvelles constructions qui sont toujours faites dans

---

(1) Non est enim potestas nisi a Deo. (Saint Paul).

(2) Obedire oportet Deo magis quam hominibus. (Act. 5-29).

les troubles politiques, et terminent les révolutions. Avec le dogme de la souveraineté du peuple, au contraire, la volonté du souverain varie sans cesse, de sorte qu'il est impossible de trouver un seul asile où l'on puisse espérer vivre en paix. Toutes les folies peuvent être érigées en lois, puisque le fanal qui éclaire les nations est la raison humaine avec toutes ses obscurités, et la révolution de 1789, si brillante à son aurore, si sanglante à son midi, et si méprisable à son déclin, est la preuve de ce que j'avance (1).

Qui ne croirait, ô Peuple, qu'après avoir placé l'homme pris isolément sous l'œil immédiat de Dieu, et l'homme pris en masse sous la sanction puissante de la loi, dans sa généralité, nous ne fussions parvenus à contenir les passions, qui désolent l'humanité, dans les bornes de la justice? hélas! l'expérience nous démontre pleinement que cette brillante théorie est fausse en pratique et que l'on ne peut arrêter les entreprises des perturbateurs et des anarchistes que par l'opposition d'intérêts privés; car les sociétés politiques, abandonnées à leur mouvement naturel, sont sujettes à des variations et à des changemens perpétuels. C'est une vaste mer dont les flots toujours agités, tendent à se soulever au premier souffle de vent, et à former bientôt d'affreuses tempêtes; aussi les législateurs (2) sages et prévoyans, éclairés par l'étude approfondie de l'histoire, voyant que tous les modes et tous les accidens de la souveraineté avaient été mis en pratique, soit par une nation, soit par une autre; que plus la société était

(1) J'ai pris pour exemple la révolution de 1789, parce que c'est le plus grand drame politique des temps modernes.

(2) Il existe beaucoup d'exemples historiques qui démontreront que ce n'est point par une libre délibération que le trône héréditaire a été érigé chez plusieurs nations; mais cela ne nuit en rien à mon assertion, car alors le législateur a été *le fait ou la nécessité*.

nombreuse, plus elle produisait de trouble et d'anarchie, et par conséquent faisait le malheur des membres qui la composaient, si elle n'était contenue par une règle et un frein puissans ; mais que si la règle et le frein, destinés à la maintenir calme, étaient trop forts, elle tombait dans une léthargie contraire aux intérêts de l'immense majorité de ses membres, résolurent d'établir une constitution politique où le mouvement trop accéléré fût arrêté par l'immobilité de certaines institutions, sans cependant être entièrement neutralisé. Ils créèrent, pour obtenir ce résultat, l'hérédité du trône par ordre de primogéniture, sachant bien qu'il s'exposaient ainsi à voir souvent à la tête des nations des hommes de peu de capacité, mais pensant que cet inconvénient devait être préféré aux malheurs innombrables qu'entraîne toujours après elle l'élection et les factions qu'elle enfante. Leur sagesse prévit que ce trône immobile, lancé au milieu des flots populaires, ne pourrait résister long-temps à leur attaque continuelle, s'il n'était garanti contre leur fureur ; et. à cet effet, ils créèrent la noblesse (1) à titre héréditaire, et les majorats par ordre de primogéniture, et les placèrent à l'entour de la royauté comme autant de petites digues, destinées à diviser la vague écumante, afin qu'elle n'arrivât plus qu'avec un faible murmure au pied du trône.

L'heure ou, par nécessité, commence l'hérédité du pouvoir, sonne pour les nations, quand par suite de la multiplication de l'espèce, les hommes se trouvent à l'étroit sur le sol qui les a vus naître : l'amour du luxe et de la sensualité dévore alors tous les cœurs ; chacun se révolte contre sa position,

---

(1) Un trône sans noblesse est une armée sans avant-postes, a dit le célèbre Bacon.

s'agite sourdement et foule aux pieds l'intérêt public ; le pouvoir attaqué de toute part s'écroulerait et ferait place à l'anarchie, s'il n'y avait un point fixe où convergent et d'où s'émanent toutes les forces sociales : ce point fixe c'est l'hérédité.

Parfois aussi l'hérédité se montre à l'aurore des nations; mais dans ce cas elle n'est plus seulement une condition de vie politique pour les sociétés, sa mission est plus sublime, elle est un divin sacerdoce qui éclaire et purifie.

Cette excellente institution, qui dans l'ordre politique sert à cimenter les murs de l'édifice social, n'est qu'une brillante réflexion de l'hérédité dans l'ordre civil, sans laquelle il n'y a plus de civilisation : elle a fait la puissance et la splendeur de tous les pays qui l'ont adoptée *avec mesure*. Elle est au vaisseau figuré de l'État, ce que le lest est au vaisseau réel; elle le force à prendre le tirant d'eau nécessaire pour résister à l'orage. Enfin, pour rendre l'image plus sensible, dans les temps de trouble, elle rend au gouvernement le même service que rend un sabot à la voiture qui descend une montagne rapide.

C'est à cette institution politique que l'Angleterre doit sa puissance, et le jour où l'Angleterre perdra, par suite de l'esprit d'égoïsme qui travaille le monde, cette salutaire institution, elle tombera du faîte de sa gloire dans la plus complète obscurité; car l'expérience démontre jusqu'à l'évidence que tous les gouvernemens chez lesquels n'existe pas cette institution sont d'une effrayante mobilité (1); parce que l'intérêt particulier, étant le moteur de la généralité des hommes, tous les ambitieux se pressent sans cesse sur la route du pouvoir et de la fortune, et finissent toujours par renverser ceux qui les ont précédés; ce qui ne peut arriver sans commotion

---

(1) Témoins la Pologne, la France depuis quarante ans, et l'Amérique du Sud depuis vingt ans.

dans l'État ; mais avec la noblesse (1) héréditaire et le majorat la chose est différente, car il existe alors au sein de la société une masse d'intérêts puissans, qui résistent par eux-mêmes, avec force, à toutes les entreprises des factieux, sans pouvoir cependant jamais arrêter la marche de ce qui est généralement reconnu utile au pays ; et comme il est impossible que parmi les nobles, il ne se trouve pas des hommes d'un grand talent (2), et l'Angleterre, l'Allemagne et tous les pays où il existe une noblesse héréditaire sont la preuve de ce que j'avance, la noblesse héréditaire et le majorat se trouvent ainsi le fanal qui éclaire les nations, et le boulevard qui défend leurs libertés. Ils sont le fanal qui éclaire les nations, ô Peuple, parce que les possesseurs des majorats sans inquiétude sur leur existence, peuvent dire hardiment la vérité aux grands et aux petits ; ils sont le boulevard qui défend leurs libertés, parce que dans la haute position où se trouvent placés les Magnats, il leur est plus glorieux de soutenir les libertés publiques que de les renverser (3).

A ces immenses avantages, constatés par les faits, qu'oppo-

---

(1) En France, depuis 89, il n'y a plus de corps de noblesse, mais des descendans de nobles, qui peuvent être aristocrates, pris individuellement, mais qui ne constituent pas une aristocratie.

(2) S'il arrivait qu'il n'y eût ni talent, ni dignité, ni patriotisme dans un corps aristocratique, la ruine du pays serait imminente : témoin Venise.

(3) C'est le sol qui attache l'homme à sa patrie. L'esprit du commerce est cosmopolite. L'on reprochait un jour à un négociant hollandais de vendre de la poudre aux ennemis de son pays, il répondit qu'il en irait vendre jusqu'en Enfer, s'il n'avait pas peur que le feu prît à ses voiles. Cet homme raisonnait juste, sa principale affaire était de vendre, et il vendait.

Si donc le gouvernement était confié à des industriels, l'on peut prédire avec confiance qu'il n'y aurait ni noblesse ni dignité dans la politique intérieure, car leurs spéculations absorberaient tout leur temps, et ils seraient

la secte anarchique qui veut tout niveler : *Tous ont un droit égal à tout.* Cet axiome est vrai dans la généralité, mais il n'est pas absolu. Le plus grand bonheur pour les citoyens d'un Etat est assurément de pouvoir jouir en paix et avec sécurité des fruits de leur travail, et puisqu'il est prouvé jusqu'à l'évidence, que la société abandonnée à son mouvement produit sans cesse des révolutions (1) qui détruisent les fortunes privées et brisent les rouages du gouvernement, toute institution qui repoussera de tels fléaux du sein de la société est favorable à *tous* et par conséquent bonne en elle-même. Mais, disent les niveleurs, ces révolutions qui ruinent les riches font souvent la fortune des pauvres, car les richesses réelles ne font que changer de main. Ce raisonnement sape la société par la base, et substitue la barbarie à la civilisation. Jusqu'à ce jour, tous les publicistes et tous les sages ont reconnu que l'état de société était fondé sur *le droit*, et les niveleurs l'établissent sur la *force brute*; de sorte que si leurs projets pouvaient s'exécuter, le pauvre regarderait le riche comme un obstacle à sa propre fortune, et le riche verrait dans le pauvre un voleur toujours prêt à le dépouiller à la première occasion ; ce qui établirait une guerre permanente

---

toujours prêts à transiger sur tout ce qui ne toucherait pas à leurs intérêts.

Si au contraire les rênes de l'État étaient remises aux mains des avocats, un flux de paroles inonderait le pays, qui, trompé par leurs forfanteries, ne s'apercevrait qu'il est ruiné que lorsqu'il ne serait plus temps d'y remédier : témoin le Directoire.

Pour assurer le repos et la gloire des nations, il faut des chefs dont la fortune ne craigne ni un coup de vent sur mer, ni une guerre lorsqu'elle est nécessaire, ni une baisse ou une hausse dans les fonds publics.

(1) Voyez chez les anciens les petites démocraties de la Grèce, l'histoire du Bas-Empire ; chez les modernes, les républiques italiennes du moyen âge, l'histoire des rois de l'Orient, et enfin de nos jours toutes les jeunes républiques de l'Amérique du Sud.

dans la société. Ajoutons, ô Peuple, que dans les révolutions qui arriveraient fréquemment (1), tous ceux qui auraient été dépouillés seraient malheureux et mécontens; tous ceux qui n'auraient rien gagné seraient désireux d'une nouvelle tempête politique; tous ceux qui auraient acquis une injuste fortune craindraient de la perdre; la défiance, la cupidité, la haine agiteraient tous les cœurs, et il vaudrait mieux vivre au sein des forêts, parmi les bêtes féroces, qu'au milieu d'une pareille association d'hommes. *Mais, de quel droit*, disent les niveleurs, *une race d'hommes serait-elle riche à tout jamais tandis que les autres ne peuvent rien gagner qu'à la sueur de leur front?* Ce raisonnement n'a aucune force, car le législateur ne crée pas la noblesse héréditaire et le majorat dans l'intérêt de quelques hommes, mais dans l'intérêt de tous.

Néanmoins l'objection des niveleurs a prévalu, en France, auprès des petits propriétaires parce qu'elle chatouillait leur vanité, et la vanité est la conseillère la plus partiale et la plus perfide qui existe. Ils ont donc réuni tous leurs efforts et sont parvenus à briser l'élément aristocratique héréditaire; mais par cela même ils ont ouvert la porte aux révolutions dont ils finiront par être aussi victimes.

On ne saurait trop répéter aux gens simples qui se laissent séduire par les sophismes des factieux, que *la royauté héréditaire* est une institution créée dans l'intérêt des nations et nullement pour ceux qui en remplissent les fonctions; que l'aristocratie est un fait qui surgit du sein de toute société, sous quelque forme qu'elle soit constituée, fait que nul pouvoir humain ne peut anéantir (2).

Il existe, ô Peuple, trois sortes d'aristocratie : l'aristocratie

---

(1) Buénos-Ayres a eu quatre-vingt-treize révolutions dans un an.

(2) Les libéraux reprochent à l'aristocratie son avidité, mais c'est la ma-

du talent, l'aristocratie de la richesse, et l'aristocratie de la naissance. La première gravite vers la seconde et la seconde vers la troisième. L'aristocratie de la naissance maintient le calme dans les empires, l'aristocratie de la richesse alimente les arts, l'aristocratie du talent marche avec la gloire.

La splendeur des États provient du mélange proportionné de ces trois sortes d'aristocratie; et l'aristocratie quelle que soit sa nature, entraîne toujours après elle les nations dans son orbite; d'où il suit que plus sa nature est calme et plus les États sont paisibles (1).

Si cette vérité politique, ô Peuple, était bien sentie de tous les hommes, les haines enfantées par la vanité s'éteindraient et le règne de Saturne et de Rhée se verrait de nouveau sur la terre.

Mais à quoi servent les lois et les institutions sans les mœurs? Sans les mœurs, ô Peuple, les lois et les institutions servent aux méchans à rendre les bons esclaves. Que penser donc de cette foule de jeunes factieux, qui se distinguent par le déréglement de leur vie, ne parlent qu'avec un sourire dédaigneux des temps qui les ont précédés, et cherchent à ridiculiser l'amour et la fidélité qu'avaient nos pères pour leurs usages et leurs institutions? Il semblerait à les entendre

---

ladie qui ronge la nation. La France a besoin d'une complète régénération, et à mon avis, notre salut ne peut surgir que de l'action puissante de la presse, dirigée par des hommes probes, et de l'admission des classes pauvres aux droits politiques : c'est là seulement qu'il y a de la force et de l'énergie.

(1) Les libéraux s'imaginent que l'aristocratie arrête la marche des nations et ils se trompent. L'aristocratie est la tête des peuples, elle les guide et les éclaire. Quand un corps aristocratique nuit à la société, c'est qu'il est tombé dans l'oligarchie; alors pour le ramener à son principe, il ne faut qu'y faire entrer les hommes pensans de l'époque, et la machine politique reprend glorieusement sa course.

que toutes les générations qui les ont précédés dans la tombe ne furent composées que d'êtres ineptes, et que pour jeter une flamme brillante l'esprit humain attendait leur venue sur la terre. Les insensés ! ils n'ont donc pas lu ces paroles du plus sage des rois, écrites il y a trente siècles : Rien de nouveau sous le soleil (1) ! Ils n'ont donc pas réfléchi que l'intelligence bornée de l'homme erre dans un horizon dont le centre est partout, la circonférence nulle part? Hélas! non. Ils ne lisent que ce qui flatte leurs passions et ne réfléchissent que sur les moyens de les satisfaire. Gonflés d'orgueil et pleins d'estime pour leurs lumières, ils s'imaginent pouvoir substituer leurs petites idées aux sages décrets de la Providence ; ils croient par la fôrce physique, sinon par la conviction, arrêter la marche des choses et créer du nouveau (2).

Nos pères aussi, ô Peuple, ont vu une assemblée d'athées qui voulut détrôner Dieu et s'allia avec l'Enfer. Repoussée avec exécration par tout ce qui portait un cœur d'homme, elle pactisa avec la mort; assise au pied de l'échafaud, elle vomissait la terreur sur les masses effrayées ; sur sa tribune sanglante était un verre du sang des victimes, pour rafraîchir les lèvres impures de ses orateurs. Mais tandis que ces féroces brigands poursuivaient leur œuvre de destruction, et amoncelaient cadavres sur cadavres, la société poursuivait lentement la marche que le Seigneur lui a assignée; et les bourreaux, quelle que fût la rapidité avec laquelle ils lais-

(1) Nil sub sole novum. (SALOMON.)

(2) L'homme peut faire le mal très-promptement, mais il est des années pour améliorer; et lorsqu'il emploie la force physique, même pour le bien, il est presque toujours sûr d'échouer. Nous nous révoltons contre tout ce qui nous est imposé autrement que par la conviction, et le sentiment de notre dignité d'êtres libres remplit tellement notre cœur, que nous repoussons comme nous pouvons le joug de l'homme.

saient tomber leur terrible couteau, ne pouvaient exterminer les masses; bientôt ils furent tournés, entourés, forcés de marcher eux-mêmes, et comme il ne restait plus de libre que la route de l'échafaud, il leur fallut y monter, à leur tour, aux cris de joie du vulgaire qu'ils avaient perverti et habitué au carnage. Grand exemple de la justice divine, qui dans tous les temps, dans tous les lieux, atteindra les infâmes qui substitueront la force physique au droit. Car depuis l'avénement de Jésus, la force morale régit la terre, et la force morale c'est le droit. Ce sont les idées du droit, pris dans sa généralité, qui, formulées de cent façons différentes, suivant les usages et les coutumes des nations, servent à édifier les législations humaines, lesquelles se partagent en deux parties dont l'une est arbitraire et révocable, c'est la justice relative; l'autre est immuable, c'est la justice éternelle. L'esprit des législations se partage également en deux parties. Quand il s'agit d'intérêts secondaires pour les familles et pour les empires, il prend le nom de *légalité*; mais quand il s'agit du sort en bien ou en mal des familles et des empires, il s'appelle *légitimité* (1), c'est-à-dire essence de la loi, *legi intimum*. Et tout acte du souverain (quel que soit celui-ci) qui est décoré du nom de loi, pour mériter ce nom, doit être équitable et avantageux pour l'instant ou pour l'avenir à la cité.

Et puisque nous avons abordé ce grand mot de légitimité, ô Peuple, suivons nos développemens et voyons si l'idée qu'il représente est contraire, ainsi que les révolutionnaires le prétendent, au bonheur et à la liberté des nations.

---

(1) Cette distinction n'a été faite par personne avant moi, je crois; mais plus j'y ai réfléchi et plus je l'ai trouvée juste. Les vieux royalistes entendent par légitimité l'hérédité et rien de plus; ils se trompent, la légitimité est un système de gouvernement complet dont l'hérédité du trône n'est qu'une partie.

Tout gouvernement qui a pour lui la sanction du temps, l'assentiment des gouvernés et la reconnaissance des nations étrangères est légitime (1), et tout individu qui essaie de le renverser est un factieux.

Mais, disent les révolutionnaires, voilà bien l'esclavage, puisqu'à volonté l'on ne peut changer la forme du gouvernement. Et moi je réponds : voilà la liberté, car la liberté, c'est la volonté humaine régie par le devoir ; et les nations, comme êtres multiples, ont des devoirs à remplir comme les individus. Or quand un empire est régi long-temps par un mode de gouvernement, c'est une preuve que ce mode est en harmonie avec les mœurs ; et vouloir le changer, c'est vouloir porter la ruine dans l'édifice social et par conséquent faire le malheur du grand nombre. Enfin le dogme de la légitimité ne lie point les nations à tout jamais, car elles conservent toujours le droit de changer le mode de leur gouvernement quand les époques fixées par les temps sont arrivées. Dans une monarchie héréditaire le mode de gouvernement peut être changé quand la dynastie régnante s'éteint (2) ; dans une monarchie élective, après le décès du roi ; dans une aristocratie ou dans une démocratie, à l'expiration du pouvoir des magistrats.

Mais vouloir sortir de ces époques, c'est entrer dans une carrière orageuse et sanglante, dont il est impossible de

---

(1) La reconnaissance des nations étrangères n'est qu'un accident qui fortifie un gouvernement sans cependant pouvoir l'invalider s'il n'avait pas lieu. Il n'en est pas ainsi des deux premières propositions qui sont l'essence même de la chose.

(2) Les révolutionnaires disent : Si le Roi est un tyran ; s'il est imbécille ou fou, la nation sera donc obligée de le supporter ?

A cela je répondrai que les rois sont dans le cas d'être interdits pour folie, imbécillité ou enfance, comme les autres hommes ; et quant au fait de tyrannie, c'est une chose sans exemple de nos jours, hors des temps de révolu-

prévoir la fin; et, dans leur intérêt, les nations doivent toujours user sobrement du droit de changer leur mode de gouvernement quand les époques voulues sont arrivées, car rien n'est plus difficile que de réformer les habitudes générales, et aucun mode de gouvernement ne peut durer s'il n'est en harmonie avec les usages.

Telle est, ô Peuple, la loi du devoir, loi qui, accomplie, ne rend pas toujours heureux, car le bonheur sans mélange n'est pas de ce monde, mais qui, violée, attire toujours un châtiment présent ou futur sur la tête du transgresseur.

L'homme sage s'habitue aux coutumes de ses pères, et sa raison le lui conseille, car la fin de tous les gouvernemens est la même, c'est-à-dire le bonheur de l'espèce humaine; et quand l'équité est la règle des gouvernans et des gouvernés, tous les modes de gouvernement parviennent au même résultat. En effet, ô Peuple, toute société possible sera toujours composée d'un souverain et de sujets, c'est-à-dire, de gouvernans et de gouvernés, lesquels sont tous soumis à la justice suprême qui règne par excellence.

Dans la monarchie, quand elle est absolue, la souveraineté est exercée par un seul; dans l'oligarchie, elle est exercée par plusieurs; dans l'aristocratie, elle est exercée par un nombre de familles plus considérable; et dans la démocratie, par toute la cité en masse, ou par ses représentans quand le nom-

---

tion; mais si elle survenait, une nation ne pourrait s'en prendre qu'à elle-même, puisqu'un Roi ne peut rien par lui seul, et que s'il recourt sans droit à la force, l'on a le droit de lui résister.

Alors c'est la guerre, le glaive tranche la question, et le vaincu abdique.

Mais, si elles sont victorieuses, dans leur propre intérêt, c'est à l'héritier présomptif que les nations doivent laisser la couronne; car, si elles agissent autrement, elles créent un prétendant et s'exposent à tous les malheurs qui

bre des citoyens est trop élevé pour qu'ils puissent délibérer ensemble. Mais tous ces modes et accidens de la souveraineté ne changent en rien ses devoirs et ses attributs; les devoirs et les attributs des sujets sont également restés semblables; et la vérité que tous les gouvernemens, quel que soit leur mode accidentel, sont les mêmes quant à leurs droits et aux moyens de les exercer, brille dans tout son éclat, puisque sous toutes leurs formes diverses la société reste immobile dans l'inégalité de position, et qu'il est même impossible de la constituer avec l'égalité.

Partageons donc les gouvernemens en deux classes : gouve nemens légitimes fixes ou mobiles, c'est-à-dire héréditaires ou électifs; et gouvernemens arbitraires fixes ou mobiles. Les gouvernemens légitimes sont ceux où la loi règle les actions du souverain et du citoyen, et la loi pour mériter ce beau nom doit être conforme à l'équité et utile à la société en général.

Les gouvernemens arbitraires, orageux comme les flots de la mer, sont ceux où le caprice de l'homme sert de boussole. Tel est le gouvernement de Constantinople, de Pétersbourg, et tel fut celui de l'infâme république française.

Que penser maintenant, ô Peuple, de ces longues déclamations de nos adversaires contre le droit divin (1)? Nous avons l'histoire sous les yeux, et nous trouvons qu'excepté le pape, qui a reçu par transmission son pouvoir de saint Pierre, lequel

---

résultent des factions qui déchirent sourdement le pays, et aux guerres civiles qui souvent en sont le résultat.

Les Turcs conservent précieusement l'hérédité dans la maison d'Othman et s'en trouvent bien; car sans cette légitimité, non d'individu mais de famille, il y a long-temps que leur nationalité aurait disparu, emportée par un flot des nombreuses révolutions que leur vaste empire a subies.

(1) Les rois ne règnent pas par *la grâce de Dieu*, disent les révolutionnaires, ils règnent par *la grâce du peuple*.

le tenait immédiatement de Jésus, tous les autres gouvernans tirent leur pouvoir de la volontée expresse ou tacite des nations, auxquelles Dieu a donné immédiatement le pouvoir constituant (1).

Et encore pourrait-on contredire notre assertion à l'égard du pape, en disant que, n'étant pas choisi par son prédécesseur mais par élection, il tient son pouvoir immédiatement des cardinaux, qui, comme princes de l'Église, représentent tous les fidèles, d'où il résulterait que le droit divin, tel que paraissent le comprendre les révolutionnaires, ne résiderait nulle part sur la terre.

Et si l'on nous objectait que le droit divin découle de la conquête, nous répondrions que c'est opposer l'exception à la généralité, et qu'une conquête ne pouvant se consolider que par la justice, le consentement tacite des sujets et la vertu du souverain la légitiment avec le temps.

Que veulent donc dire les révolutionnaires par *droit divin?* Je présume que par droit divin ils désignent ces principes invariables qui obligent moralement les individus et les nations et enchaînent les passions, et que par *souveraineté du peuple* ils entendent la faculté de faire tout ce qui leur plaît, et la manière dont ils usent du pouvoir justifie mon opinion.

Cet axiome est athée : car les peuples ne sont que les agens de la volonté de Dieu, et rien n'arrive ici-bas sans sa permission.

Dieu approuve le bien et permet le mal. S'il en était autrement, l'homme ne serait pas libre.

Mais supprimer la formule *par la grâce de Dieu*, n'ajoute rien aux droits du peuple et ne retranche rien à Dieu.

Cette formule est rationnelle ; la formule contraire est absurde.

Enfin un roi qui arrive au trône par droit héréditaire ne tient sa couronne que du fait seul de sa naissance, et c'est Dieu qui fait naître l'un fils d'un pasteur et l'autre fils d'un roi.

(1) Le pouvoir constituant réside dans les masses, car nulle forme de

Qu'est-ce en effet que la révolution? Le triomphe des passions sur tout ce que respecte et adore le juste.

La révolution !

C'est l'athéisme démolissant les lieux saints, souillant le sanctuaire, brisant les autels; c'est l'adultère s'asseyant au foyer domestique sous la figure du divorce; c'est la prostitution récompensée et encouragée par le législateur (1), qui pénètre au sein des familles et séduit l'innocence.

La révolution !

C'est l'anéantissement de la puissance paternelle par le bris de l'hérédité (2) ; c'est l'homme fort qui chasse la veuve de la maison de son époux et ravit l'héritage de l'orphelin ; c'est le vol sous toutes les formes possibles ; c'est la force physique substituée au droit.

La révolution !

C'est l'oppression constante des grands et des petits par l'intrigue et la médiocrité; c'est enfin le massacre et la ruine des nations recouverts du manteau de la gloire (3).

Juge maintenant, ô Peuple, de nos doctrines et de celles de nos adversaires.

La légitimité !

---

gouvernement ne peut subsister si elles n'y adhèrent tacitement ou explicitement; mais le pouvoir constituant, ou le droit par les masses de choisir un mode de gouvernement, n'est pas la souveraineté du peuple, puisque la souveraineté est le droit de régir les masses par des lois, et que les masses ne peuvent se régir elles-mêmes, ni concevoir les hautes théories de l'économie politique.

(1) Décret de la Convention pour récompenser les filles mères.

(2) Système des saint-simoniens.

(3) Je me sers du mot gloire dans son acception vulgaire : car il n'y a que de la honte à tuer et à voler, même en grand

C'est la force morale, ou le droit, triomphant de la force physique depuis le faîte jusqu'à la base de l'édifice social; c'est la confiance à la foi reçue et donnée; c'est l'inviolabilité du serment et de la propriété.

La légitimité !

C'est la liberté pour tous de faire ce qui est conforme à l'équité, parce que les lois sont identiques avec l'équité; c'est la charité amollissant le cœur du riche à l'aspect des misères du pauvre.

La légitimité !

C'est l'ordre et la confiance régnant dans les familles et de là se répandant dans tout l'État; c'est enfin l'idéal transporté dans le réel autant que le permet l'humaine imperfection.

Juge, ô Peuple, de la liberté de nos ames et de la servilité des leurs.

Lorsque Henri IV, de glorieuse mémoire, monta sur le trône, par *le droit de sa naissance*, il quitta le drapeau de Navarre et prit celui qui depuis deux siècles désignait la France.

Lorsque les libéraux (1) sont arrivée au pouvoir, après les barricades, ils ont arboré les couleurs d'Orléans.

Nos pères, qu'ils traitent d'esclaves, étaient trop fiers pour porter les couleurs d'une famille, ils imposaient les leurs à celui qui avait l'honneur de les commander.

---

(1) Je fais ici une différence entre les libéraux et les révolutionnaires. Les libéraux sont des hommes à théorie qui aspirent au pouvoir et à réaliser leurs vœux par des moyens législatifs; les révolutionnaires n'ont qu'un but, la destruction de tout ce qui existe par la force brutale, et la spoliation de la propriété d'autrui à leur profit. Les libéraux ont été forcés, pour réussir à renverser la vieille monarchie, de s'allier avec les révolutionnaires; mais cette alliance ne peut durer, car de tels associés sont trop dangereux pour qu'on ne les congédie pas le plus tôt possible.

Continuons la comparaison.

La hampe du drapeau de nos pères était surmontée, depuis quatorze siècles, d'une fleur de lis : les libéraux l'ont brisée ; mais comme ils voulaient un emblème, ils ont abaissé leur drapeau jusqu'à terre, afin que le roi des basses-cours s'en fît un juchoir (1).

O peuple, si nous avions voulu nous séparer des fleurs de lis, qui sont les armoiries de la France et non celles de la famille des Bourbons (2), nous aurions élevé le vieux drapeau français dans les airs, afin que l'aigle guerrière, habitante des cieux, daignât s'y reposer.

Mais après avoir exposé rapidement les hautes vérités politiques sur lesquelles sont fondés le repos et la prospérité des nations, il est temps d'aborder ces questions relatives à chaque État, et de parler des projets d'institutions que nous croyons propres à rétablir le calme et le bonheur dans notre chère et malheureuse patrie.

Ces projets composeront la matière d'un second discours.

---

(1) Les fleurs de lis sur champ d'azur étant les armoiries de la France, les avoir répudiées c'est, de la part des libéraux, un acte d'ineptie sans exemple; vainement invoqueront-ils 89, 91 et 93 : si leurs devanciers ont commis mille imbécillités, ce n'est pas une nécessité pour eux de les imiter, L'Angleterre a renvoyé les Stuart, mais n'a point touché à son léopard, qui est l'emblème du pays et non d'une famille.

(2) Les Bourbons portent des fleurs de lis dans leurs armoiries parce qu'ils sont fils de France; c'est la France qui leur a imposé ses armoiries. En Hollande, la nation, tout en conservant son pavillon tricolore, porte la cocarde orange, qui est la couleur des Nassau; mais chez nous, le blanc n'est point la couleur de Bourbon, c'est, depuis quatre siècles, la couleur de la France.

A M. le Marquis

ERNEST DE MARGUERYE.

Mon cher Ernest,

Les sujets qui font la matière de ce discours nous ont souvent occupés; nous les avons examinés sous toutes leurs faces; et le résultat de nos recherches nous a convaincus qu'il était désormais impossible de gouverner le France par le monopole.

La société, dans son état actuel, et hors des temps de révolution violente, qui brisent tous les rouages politiques, ressemble à un vaisseau qui a rencontré les vents alisés, et qui ne requiert plus de son pilote que d'éviter les écueils qui sont devant lui : elle marche seule ; elle ne demande au pouvoir rien que la tranquillité pour continuer sa course. C'est ce que ne veulent pas comprendre les gouvernans, qui seraient alors forcés d'abandonner une partie de leurs antiques prérogatives : ils s'agitent, ils bruissent, ils s'en déclarent les protecteurs pour paraître plus grands qu'ils ne sont réellement. Les insensés, ils ne savent donc pas que c'est la société qui protège le pouvoir, et non le pouvoir qui protège la société, car du jour où celle-ci dit à l'autre : « Je ne veux plus de toi ! » tout est fini et la décoration change à vue. Ils ignorent donc qu'excepté la vertu qu'ils doivent chérir et récompenser, et le vice qu'ils doivent haïr et châtier, protéger spécialement une pensée, un intérêt, c'est attaquer une autre pensée, un autre intérêt et jeter des fermens de discorde dans l'Etat.

Le pouvoir est une nécessité de la société (1) : elle lui doit son bonheur, quel que soit le mode sous lequel il se montre, lorsqu'il remplit fidèlement sa mission, qui est d'empêcher qu'aucune pensée, qu'aucun intérêt ne veuille triompher

(1) La société ne peut échapper au pouvoir ; mais les agens du pouvoir sont à la merci de la société.

par la force physique, et ne se serve d'autres armes que de la persuasion et de l'utilité évidente : or, pour atteindre ce but, il n'est pas d'autre route que celle de la liberté.

Ce mot de *liberté !* épouvante tous les hommes du pouvoir, parce qu'alors la société serait ce qu'elle doit être, c'est-à-dire, une association de garantie, où, quand il ne viole pas les droits des autres, chacun peut agir pour son intérêt comme il l'entend, et où les hommes et les choses se classent selon leur valeur intrinsèque.

Alors les gouvernemens ne pourraient plus façonner la société d'après leurs idées, la constituer, chose vraiment risible (car il évident qu'une société ne peut subsister, si elle n'est pas constituée); enfin l'étendre sur le lit de Procuste et la mutiler pour l'accommoder à leurs projets. Les idées et les intérêts contraires s'attaqueraient, se défendraient et se neutraliseraient mutuellement; et du repos né de ces mouvemens divers, surgirait, comme par enchantement, la vérité qui, éclairant et calmant les esprits, répandrait le repos et la prospérité sur le pays.

Mais les gouvernans ne pourraient pas dire : « Voilà notre ouvrage ! » *indè mali labes.*

Voyons par un seul exemple où cette manie des gouvernans, de tracasser la société, en voulant l'assujétir à leurs conceptions, a conduit l'Europe.

La Providence a donné à chaque contrée, à chaque climat des productions indigènes et des productions générales ou quasi-générales; et s'il est permis à notre faiblesse de sonder les desseins d'en haut, les productions qui se retrouvent chez un grand nombre de nations sont destinées à former la nourriture et le vêtement des masses; et celles qui sont plus rares et autocthônes semblent créées pour être échangées de nation a nation, et lier les hommes les uns aux autres, malgré l'éloignement de leur pays natal, malgré la différence de leurs mœurs et la diversité de leurs langages, par les chaînes d'un intérêt réciproque. Pensée providentielle qu'on ne peut se lasser d'admirer, car, bien comprise des gouvernans et des gouvernés, elle éloignerait à jamais les horreurs de la guerre, en montrant à tous les hommes que leur bonheur dépend des sentimens de fraternité qu'ils doivent conserver les uns pour les autres.

Mais qu'ont fait les gouvernans, mon cher Ernest? au lieu de suivre la marche qui leur était tracée, ils ont entravé par d'énormes droits de douane le libre échange des diverses denrées, ils ont prohibé beaucoup de produits indigènes des autres pays, voulant que chaque nation se suffît à elle-même; et ils ont ainsi détruit autant qu'il a été en eux les liens d'affection et de fraternité que le commerce entretient entre les peuples.

Il en est résulté que depuis trente ans, dans presque toutes les contrées de l'Europe, la masse des industriels s'est considérablement accrue aux dépens des agriculteurs, qui sont la véritable richesse des nations, de sorte que les produits manufacturés dépassant les besoins réels, il y a pauvreté au sein de l'abondance; et comme les ouvriers industriels ont été habitués à toucher un salaire plus fort que celui que reçoivent les agriculteurs, ils ont pris des habitudes de sensualité que la moindre suspension du travail ne leur permet plus de satisfaire, ce qui les mécontente et augmente encore la détresse publique, par la crainte qu'ils inspirent. Et les produits tendant toujours à s'accroître et les besoins à diminuer, par suite de la misère, le Paupérisme devient chaque jour de plus en plus menaçant.

Et ce chancre qui peut-être nous dévorera ne s'est ouvert au milieu de nous, que parce que le gouvernement a favorisé l'industrie au détriment des intérêts réels du pays; car s'il ne l'eût pas fait, l'industrie, laissée à elle-même, n'aurait produit qu'au fur et à mesure des besoins, et nous n'aurions pas ces villes où fourmille une population qui vit au jour le jour, véritables volcans qui menacent de vomir leurs laves brûlantes sur le pays et de l'incendier (1). Le seul remède efficace contre un pareil fléau est la colonisation; et les vastes et fertiles plaines d'Alger, dernier bienfait de la vieille monarchie, sont admirablement situées pour recevoir la surabondance de notre population.

Mais il existe encore un autre germe de corruption dans la société, c'est le nombre toujours croissant d'hommes flétris par des condamnations aux fers ou à la réclusion, qui, repoussés par l'opinion publique, et forcés de vivre entre eux, se pervertissent de plus en plus, et souillent et gangrènent tous ceux qui ont des rapports avec eux. Toutes les théories possibles doivent céder à l'évidence : *Entre la société et l'homme qu'elle a flétri par une condamnation au criminel, il y a guerre sans fin :*

---

(1) Les événemens de Bristol et de Lyon corroborent mon opinion.

et le mieux pour l'une comme pour l'autre est de se séparer pour jamais.

Je crois donc qu'une colonie pénitentiaire, où le condamné resterait et jouirait des droits civils à l'expiration de sa peine, est nécessaire à mon pays. Les dépenses qu'un tel établissement occasionerait ne me paraissent pas devoir être prises en considération, car une révolution coûte en un an cent fois plus qu'une colonie pénitentiaire; et je ne vois que ce moyen de purifier la France.

Pour revenir maintenant, mon cher Ernest, aux sujets qui font la matière de ce discours, je m'attends aux objections qui me seront faites sur l'universalité du suffrage que je demande. L'on me prouvera que, dans les grandes villes, le nombre des électeurs étant très-considérable, il y aura souvent du tumulte dans les élections, des mauvais choix et beaucoup d'intrigues.

Je sais tout cela et je n'en persiste pas moins dans mon opinion, car il est impossible que la chose soit autrement de quelque manière que l'on s'y prenne. Mais si le peuple n'est pas dans le cas de gouverner, ni même de choisir les ministres et les chefs de l'administration, il sait très-bien discerner dans chaque localité quels sont les hommes estimables, et ce seront ces hommes qui, nommés généralement par lui pour régir les affaires de la commune, choisiront les députés.

Enfin, mon cher ami, quand les classes riches usent si mal du droit politique, et élisent des mandataires aussi médiocres que ceux que nous possédons, l'on ne risque rien d'en appeler aux classes inférieures : elles ne peuvent faire pire, et l'on a tout lieu d'espérer qu'elles feront mieux : et si toute la nation réunie est inhabile à guérir les maux qui nous accablent, il faut désespérer de notre salut et fuir une terre que l'égoïsme, et la profonde corruption qu'il enfante, ont rendue inhabitable.

J'aurais pu dans ce discours rappeler tous les actes arbitraires dont nous sommes témoins depuis quinze mois; indiquer les vices de l'origine du gouvernement, vices qui affaiblissent toute la machine politique; mais assez d'autres ont écrit sur ce sujet, et j'ai préféré indiquer ce que je crois nécessaire pour rétablir l'ordre et la confiance, et pour fonder une véritable liberté.

En agissant ainsi j'ai usé de mon droit de citoyen, et je n'ai rien écrit qui ne fût dans ma conviction : c'est un mauvais moyen de réussir, mais je préfère le repos de ma conscience aux éloges passionnés des partis, éloges qui corrompent la jeunesse et ne laissent que de l'amertume dans l'ame, au soir de la vie.

Si jamais nous arrivons à cet âge où raconter est un bonheur, et si alors la cupidité, qui, depuis quarante ans, sous le nom d'amour de la liberté, de philantropie et de patriotisme, se rue sur le trésor public, nous accorde quelque repos, nous aurons de quoi remplir les longues soirées, car notre temps est plus fertile en événemens qu'aucun de ceux qui l'ont précédé : je ne sais pourtant si nous pourrons dire à nos petits-enfans : « Les hommes étaient bien meilleurs dans notre jeunesse, et tout allait beaucoup mieux ! » Mais au milieu de toutes les variations qui agitent et contristent notre vie, il est une joie qu'aucune révolution ne peut anéantir, car elle naît de la confiance et de l'affection que les liens du sang nous ont inspirées et qu'une mutuelle estime a consolidées.

Adieu, mon cher ami.

Paris, le 20 janvier 1832.

DEUXIÈME PARTIE.

SOMMAIRE.

Définition du mot constitution ; — du droit de cité ; — des droits qui en résultent ; — des devoirs qui y sont inhérens ; — des élections communales ; — des élections provinciales ; — des élections aux états-généraux ; — des impôts ; — de la magistrature ; — du jury ; — de la liberté des cultes ; — des monopoles ; — de la noblesse.

PEUPLE,

Après une révolution qui, dans la jeunesse de nos pères, a ébranlé l'Europe jusque dans les fondemens, et dont les fureurs et les échafauds ont épouvanté le monde, il était à espérer que la France, heureuse et tranquille à l'ombre du trône paternel des Bourbons, ne verrait plus l'abîme des tempêtes politiques se rouvrir sous ses pieds. Mais, durant les quinze années de la restauration, une foule de novateurs et d'ambitieux, de tout rang et de toute condition, ont travaillé constamment à corrompre tout ce qui était bien, à dénaturer toutes les intentions, et à rendre tout mode de gouvernement impossible. Ils ont enfin réussi ces criminels desseins, et un roi peu politique, qu'un essaim de courtisans avides poussait incessamment à des mesures violentes, à l'effet de concentrer tout le pouvoir dans leurs mains, est tombé dans le piége que d'astucieux ennemis tendaient sous ses pas.

Paris, le factieux Paris, s'est levé avec furie, et, s'armant de ses pavés fangeux, il a marché, comme un géant contre les pygmées qui rêvaient la force et n'avaient que de la présomption. Chose inouie! une antique dynastie s'est écroulée en trois jours devant des hordes indisciplinées qui se battaient sans savoir ce qu'elles voulaient, car à peine le dernier cri de *Vive la Charte!* couronnait leur victoire, que déjà cette Charte tombait en lambeaux. C'est alors que l'on a vu trois générations royales marcher tristement vers l'exil, loin du soleil si doux de la patrie.

Et ce jeune Henri, si gracieux, si touchant, qu'a-t-il donc fait pour mériter l'exil? — Il est Bourbon! — il est roi par le droit de sa naissance! — Il est Bourbon! Est-ce donc un crime de porter un nom qui marche de pair avec la gloire de la France? Il est roi par le droit de sa naissance. — Peut-on le punir d'être né sous l'empire d'une loi dont l'antiquité se perd dans la nuit des temps? Mais la révolution, ardente à détruire, a foulé aux pieds la loi suprême du pays, et pourtant la force des mœurs et des coutumes ne lui a pas permis de franchir les limites de la royauté (1).

Il était un prince qui vivait heureux et tranquille, au sein de sa belle et nombreuse famille, et ne se distinguait que par

---

(1) Si la sagesse et la prudence avaient eu entrée au conseil des révolutionnaires, elles auraient pu dire aux héros de juillet :

Gardez le jeune Henri; élevez-le dans les idées du jour; éloignez de lui le faste de l'ancienne cour; décernez la régence, même à vie, si cela plaît au duc d'Orléans, et vous n'aurez pas à craindre la guerre étrangère et la guerre civile, et la ruine du pays. Mais l'orgueil préfère périr à transiger.

Nous n'avons pas encore eu la guerre, mais c'est aux dépens de l'honneur français.

la simplicité de sa vie patriarcale, quoiqu'il fût plus riche que certaines têtes couronnées ; la révolution a marché vers lui, l'a arraché aux douceurs de sa brillante existence, et lui a ceint le front d'un bandeau brûlant qu'elle appelle couronne. Mais à peine le monstre avait-il créé un roi qu'il s'est repenti, car quelque faible que fût l'autorité dont il l'avait revêtu, c'était un frein opposé au débordement des passions, et bientôt il a commencé à murmurer et à s'agiter contre le pouvoir nouveau, voulant, comme Saturne, dévorer son enfant. Enfin, ô Peuple, un an s'était à peine écoulé que déjà il demandait la chute du prince avec des cris de fureur. Grand exemple de l'instabilité de la faveur révolutionnaire!

Et toi, pauvre Peuple, toi, qui avais cru aux fausses promesses des factieux, quel est ton sort maintenant? Partout la misère te dévore, partout une foule d'orateurs impudens accusent le pouvoir et te promettent le bonheur si tu veux les aider à s'emparer de l'autorité; et quand ils y seront parvenus, ils te dédaigneront et tes maux s'aggraveront encore. Chaque jour cependant des hommes qui se prétendent l'élite de la France entassent lois sur lois, mais que peuvent les théories contre les faits? Les uns veulent importer dans notre pays le système politique anglais, qui est l'aristocratie représentative ; les autres le système politique des États-Unis d'Amérique, qui est la démocratie représentative ; et le système national, qui est la monarchie représentative, est laissé à l'écart, au grand détriment de tous les citoyens; parce que chaque nation, ô Peuple, a un cercle d'usages hors duquel elle ne peut aller sans marcher vers sa ruine; car les masses se modèlent sous la main puissante de l'habitude, comme l'argile sous les doigts du potier.

L'Angleterre est une aristocratie représentative, parce que Guillaume-le-Conquérant, après avoir divisé sa conquête entre ses barons et ses chevaliers, plaça son niveau despotique sur tous, ce qui força la noblesse de s'allier au reste de la nation pour contre-balancer le pouvoir du roi; et, six siècles plus tard, lorsque, après de longs combats et de violentes dissentions, la maison de Stuart fut définitivement renversée, en 1688, ce fut la chambre des lords qui prit l'initiative, et décerna en réalité la couronne à Marie, fille de Jacques II, et à Guillaume, prince d'Orange, son époux; or comme les principes portent toujours leurs fruits, le pouvoir royal s'est trouvé de fait vassal de l'aristocratie, celui qui donne étant toujours au-dessus de celui qui reçoit.

Les États-Unis d'Amérique sont une démocratie représentative, parce que primitivement tout a été constitué sur le pied de l'égalité. Les colons qui arrivaient sur cette terre vierge ne pouvaient entourer de prestige et de magie certaines familles, certain pouvoir. L'édifice social se bâtissait publiquement, et aucune illusion n'était admissible. La métropole était suzeraine, mais ce n'était qu'une fiction, car la souveraineté résidait de fait dans les assemblées des colons. Aussi, lorsque, en 1776, il se sont séparés de la mère-patrie, ils n'ont eu qu'à substituer un pouvoir directeur aux gouverneurs que leur envoyait le roi d'Angleterre, et la machine politique a marché comme si rien n'avait été changé, parce que leurs lois, leurs usages, n'avaient subi aucune altération.

Et c'est ici, ô Peuple, qu'il faut consigner une remarque précieuse, c'est que toute révolution qui ne touche ni au fond des lois, ni aux usages ni aux coutumes, et transmet seulement le pouvoir directeur d'une main dans une autre, avec les améliorations réclamées justement par les véritables besoins du temps, se consolide et est favorable aux nations; mais que toute révolution qui veut changer les mœurs et les habitudes d'un pays ne peut durer, et toujours est accompagnée ou suivie d'incalculables malheurs. C'est ce que ne comprend pas la jeunesse ardente qui fourmille dans les écoles, dans les comptoirs et dans le barreau : aveuglée par son orgueil, elle veut asseoir la société sur les bases idéales que rêve la vanité. Les funestes expériences des hommes de 93 ne lui servent point d'enseignement ; et, dans sa présomption, elle s'imagine que s'ils n'ont pu réussir à nous faire remonter le cours du temps, et à nous rendre païens de chrétiens que nous sommes (1), c'est la force ou le génie qui leur ont manqué, mais que pour elle les événemens obéiront à sa volonté. Et quand on lui parle des obstacles qui surgiront, elle s'enflamme et murmure des paroles de mort!... comme si le crime pouvait changer la nature des choses, et sauver une cause qui périt par son propre triomphe.

La France, ô Peuple, est une monarchie représentative (2), parceque, dans les commencemens de la troisième dynastie, le

---

(1) Le Christianisme est basé sur le spiritualisme ; répudier l'ordre social qu'il a fondé, c'est tomber de suite dans le matérialisme, et conséquemment dans le paganisme qui en était le produit politique. Encore quelques pas et l'on arriverait à l'anthropophagie, qui est le dernier terme du matérialisme.

Les hommes de 93 faisaient déjà tanner la peau humaine, et Roland aurait désiré que l'on retirât de l'huile des corps morts.

(2) Si l'on objecte que de 1614 à 1789 la couronne n'avait pas assemblé d'états-généraux, je répondrai que la couronne avait violé l'antique constitution du pays, ce qui ne l'avait pas anéantie, car elle existait toujours virtuellement, et les parlemens s'étaient substitués aux mandataires de la nation.

La couronne avait reconnu qu'elle n'avait pas le droit de faire la loi seule, puisque souvent, dans les lits de justice, elle forçait le parlement de Paris d'enregistrer ses édits pour qu'ils fussent légaux.

La violence, dans ce cas, constate l'absence du droit de la couronne de faire la loi sans l'assentiment du peuple.

Mais si le peuple devait donner son assentiment, il devait être représenté réellement ou fictivement.

J'ai donc eu raison de dire que la France est une monarchie représentative, c'est-à-dire où le chef de l'État doit consulter le peuple, comme cela

roi était entouré de vassaux si puissans qu'il était contraint de s'appuyer sur les masses pour résister à l'aristocratie, et c'est de ce besoin que le roi avait de tes pères pour l'aider à soutenir la dignité de sa couronne, et du besoin qu'ils avaient de lui, pour les protéger contre leurs seigneurs, qu'est née l'alliance de la démocratie et de la royauté; alliance qu'aucune révolution ne brisera, car le temps ne détruit pas la démocratie qui est immortelle de sa nature, ni la royauté, quand elle est une nécessité; et si la république doit encore surgir du tombeau et nous épouvanter de ses horreurs, elle ne pourra subsister, et la royauté, un instant abattue, renaîtra du sein des ruines, comme le jet vigoureux qui s'élance d'une vieille souche.

O Peuple, pourquoi la France ne peut-elle supporter le mode de gouvernement républicain? Hélas! il faut l'avouer à notre honte, c'est que la probité politique est une rareté parmi nous; c'est que l'immense majorité veut puiser injustement au budget de l'État, sans donner au pays un travail équivalent à ce qu'elle demande; c'est que chacun veut jouir des avantages de la vie, sans supporter les charges qui y sont inhérentes; enfin c'est qu'il y a généralement révolte ouverte de tous contre leur position.

Quand l'égoïsme précède toujours l'intérêt public, comment, ô Peuple, une nation pourrait-elle supporter un mode de gouvernement qui demande l'abnégation du *moi* comme première condition d'existence?

C'est de ce triste état moral de notre patrie, c'est de l'étendue de notre territoire, c'est du chiffre élevé de la popu-

---

avait lieu chez les Germains: *Regibus non est infinita potestas; de minoribus principes consultant, de majoribus omnes.* Tacite, *de Moribus Germanorum.*

lation, que surgit *la nécessité d'un pouvoir supérieur héréditaire*, qui puisse entraîner dans son orbite les volontés grossières et cupides des masses, et paralyser toutes les tentatives des anarchistes, qui abondent toujours au sein d'une vieille civilisation.

Il faut donc que le législateur, s'il veut fonder d'une manière durable, examine avec soin les habitudes de la nation pour laquelle il travaille, et qu'il ne cède pas à une explosion momentanée d'un sentiment quelconque, mais à des preuves réitérées, qui attestent, d'une manière irréfutable, que l'immense majorité est imbue d'une idée, et que cette idée est devenue un besoin. Ce n'est pas ainsi, ô Peuple, qu'ont agi les députés aux états-généraux de 1789. Les cahiers que leur avaient donnés leur commettans, pour leur servir de règle de conduite, pouvaient se résumer en onze articles : neuf qui constataient les antiques usages du pays, et deux qui étaient une amélioration demandée justement, quoique les faits pour lesquels on réclamait ne fussent qu'une rare exception.

Voici les neuf premiers articles.

1. Le gouvernement français est un gouvernement monarchique.

2. La personne du Roi est inviolable et sacrée.

3. La couronne est héréditaire de mâle en mâle, par ordre de primogéniture.

4. Le Roi est dépositaire du pouvoir exécutif.

5. Les agens de l'autorité sont responsables. (1)

---

(1) En 1248 le roi Louis IX, se disposant à partir pour la croisade, envoya, dans la plupart des grandes villes, deux commissaires, l'un ecclésiastique, l'autre laïc, pour entendre et juger les plaintes contre ses ministres et contre ses officiers.

En 1315 Enguerrand de Marigny, premier ministre sous le règne de Phi-

6. La sanction royale est nécessaire pour la promulgation de la loi. (1)

7. La nation fait la loi avec la sanction royale. (2)

8. Le consentement national est nécessaire à l'emprunt et à l'impôt.

9. L'impôt ne peut être accordé que d'une tenue d'états-généraux à l'autre.

Voici les deux derniers :

10. La propriété sera sacrée.

11. La liberté individuelle sera sacrée.

Il n'est pas un des articles ci-dessus que les fauteurs de la première révolution n'aient ouvertement violé (3) ; et après avoir tout détruit, ils n'ont pu rien faire surgir du sein des débris qui les entouraient.

Mais nous, Peuple, nous, qui voulons le bien de notre pays sans arrière-pensée, cherchons ce qui peut convenir aux

---

lippe-le-Bel, fut condamné au supplice de la potence pour malversation.

En 1410, Jean de Montaigu, surintendant des finances sous Charles VI, fut condamné à mort pour malversation.

En 1661 Nicolas Fouquet, surintendant des finances, fut condamné au bannissement également pour malversation.

J'aurais pu accumuler les citations historiques pour prouver que les agens ministériels étaient responsables ; mais celles ci-dessus me semblent suffisantes.

(1) Un capitulaire de 801 porte : *Cum omnium consensu.*

(2) On lit dans les capitulaires de Charles-le-Chauve : *Lex populi consensu fit et constitutione regis.*

(3) Prenons un seul exemple : ils avaient aboli la confiscation, et les hommes de 93 se sont hâtés de la rétablir avec un raffinement d'iniquité inouie, puisqu'ils forçaient le père d'un émigré de leur livrer de suite la part que celui-ci aurait recueillie par l'héritage.

Et ces horreurs avaient lieu au nom de la liberté ! ! !

générations actuelles en pratique et en théorie, et sachons les séparer l'une de l'autre à propos.

Nous aurons donc :

1° A examiner ce que c'est qu'une constitution, dans l'acception générale et relative de ce mot ;

2° A parler du droit de cité, des droits qui en résultent, et des devoirs qui y sont inhérens ;

3° A ébaucher une loi d'élection communale, une loi d'élection provinciale, une loi d'élection pour les états-généraux de la nation ;

4° A traiter des impôts, de la magistrature, du jury, de la liberté de la presse, de la liberté des cultes, des monopoles, et de la noblesse.

Le mot constitution, ô Peuple, dans son acception générale, veut dire : état où se trouve une chose dont toutes les parties sont unies de manière à former un tout homogène ; de sorte que le mot constitution emporte toujours avec lui l'idée de liaison, d'ordre et de durée, et peut s'appliquer à cent objets divers. Dans un sens restreint, et n'ayant rapport qu'au gouvernement, c'est l'assemblage des lois religieuses, civiles, administratives, politiques, militaires, commerciales, criminelles, qui régissent un pays. En France le mot constitution est encore plus limité dans l'opinion générale, et ne s'applique qu'aux lois fondamentales et politiques.

Il y a des constitutions écrites et des constitutions usagères, fondées sur la tradition et de vieilles coutumes, dont souvent l'origine est fort incertaine et se perd dans la nuit des temps. Ces constitutions usagères sont les plus durables, parce qu'elles ont des racines dans les mœurs, et quand les législateurs sont sages, ils se bornent à constater, dans les constitutions écrites, l'état et les coutumes de la nation. Mais quand ils se jettent dans les abstractions et les théories, il est rare qu'ils construisent solidement et qu'ils fassent le bonheur des sociétés, témoin les constitutions de 1791-93-95-99-1804-1814-1815, et l'on pourrait même ajouter de 1830, qui n'ont pu rien affermir chez nous, parce qu'elles ont été basées sur des idées et non sur des intérêts positifs et préexistans; parce qu'elles ne font qu'exciter l'ambition et toutes les passions cupides au lieu de les calmer.

Le but de tous nos efforts, ô Peuple, doit donc être d'obtenir des institutions en harmonie avec nos habitudes journalières; et pour cela nous n'avons qu'à restaurer l'édifice social que nous ont laissé nos pères : car pendant des siècles ils ont vécu glorieux, sous le joug tutélaire de leurs antiques lois, sans éprouver de ces tempêtes politiques effroyables qui bouleversent toute la société, et empoisonnent l'existence du riche et du pauvre : et nous, depuis quarante ans que nous essayons continuellement du nouveau, nous roulons sans cesse d'abîme en abîme sans pouvoir trouver le repos et le bonheur, dans toutes les expériences que nous font subir une poignée de novateurs, qui veulent faire sortir la société des voies dans lesquelles elle peut fleurir et porter d'heureux fruits.

La cité, ô Peuple, est la réunion de tous ceux qui, dans une société politique, participent au droit de voter directement ou indirectement dans les assemblées générales. C'est de ce droit que dérive la qualité de citoyen; de sorte que les sociétés se partagent en trois classes : les États libres, où la réunion des citoyens forme le Souverain; les États absolus où les seuls citoyens sont le Roi dans les monarchies, et le sénat dans les aristocraties républicaines, puisque seuls ils font la loi, et que tous les autres sont sujets; enfin les États despotiques qui participent aux deux conditions des États absolus, et y ajoutent comme dernier terme l'esclavage ou la privation de la liberté personnelle pour une partie des membres de la société.

Si l'homme ne prenait jamais que l'équité pour guide, tous les modes de gouvernement seraient égaux dans leurs résultats; mais les passions l'égarant souvent, et le faisant abuser du pouvoir qui lui est confié pour le bien général, dans un but particulier, nous devons négliger les deux dernières classes de sociétés, et ne nous occuper que de la première. Pour nous, ô Peuple, la liberté dans toute sa plénitude sera le droit, la privation de la liberté ne sera qu'une rare exception, fondée sur une invincible nécessité.

Mais avant d'aborder directement les sujets qui font l'essence du reste de ce discours, il nous faut parcourir les diverses phrases de la société, et réfléchir sur les causes qui la déterminent à choisir tel ou tel mode de gouvernement, ou le lui font subir.

Il existe trois modes de gouvernement, le monarchique, l'aristocratique, et le démocratique, qui, lorsqu'il n'est pas corrompu, n'est en réalité qu'une aristocratie étendue.

Ces modes de gouvernement se forment ainsi d'habitude. Lorsqu'une société politique compte peu de membres, les chefs de famille se réunissent et délibèrent en commun sur leurs intérêts réciproques, et, comme ils ne peuvent être toujours assemblés, ils nomment un certain nombre d'entre eux, par le sort, ou par l'élection, pour veiller a l'exécution de ce qu'ils ont résolu; pour les convoquer quand les besoins de l'État l'exigent; et pour leur proposer les mesures utiles au bien de la cité. Si le nombre des membres de la société s'accroît, si son territoire s'agrandit, les assemblées publiques deviennent nécessairement moins nombreuses, eu égard à la totalité des citoyens, à cause de l'éloignement de la capitale, et par la négligence de beaucoup d'entre eux qui préfèrent plutôt vaquer à leurs affaires privées qu'à celles du public. Les ambitieux s'en prévalent, et finissent par concentrer l'autorité dans leurs mains : alors la démocratie cesse d'exister et l'aristocratie commence. Mais les aristocrates ne peuvent tout faire en corps, et sont eux-mêmes forcés de confier le pouvoir exécutif à un petit nombre des leurs, afin de résister efficacement aux attaques sourdes mais continuelles des masses, qui les regardent d'un œil de jalousie et critiquent amèrement tous leurs actes. Enfin lorsque la population s'est considérablement accrue, et lorsque que le territoire s'est étendu en proportion, il arrive que ceux qui ne participent pas au gouvernement, las d'être vexés par les grands, favorisent de tout leur pouvoir l'érection d'un trône *afin que leurs dominateurs soient à leur tour dominés* (1), et l'aristocratie cesse et la monarchie commence. Quelquefois la monarchie a la conquête pour origine. Mais dans tous les cas le chef de l'État, ne pouvant tout faire lui-même, est contraint de recourir à un conseil, qui, en fait, le régit presque toujours ; d'où il suit que c'est le petit nombre qui commande et le grand nombre qui obéit. Et les différens modes de gouvernement que nous venons d'énoncer ne sont jamais qu'une suite nécessaire de la population, de l'étendue du territoire et de sa configuration, et surtout qu'une réflexion des mœurs.

Les écrivains, ô Peuple, qui ont traité le sujet qui nous occupe en ce moment, parlent aussi de gouvernemens mixtes, c'est-à-dire où la démocratie, l'aristocratie et la monarchie, entrent chacune pour une partie. Mais ces modes de gou-

---

(1) Parfois la société adopte à son aurore la monarchie pour mode de gouvernement, passe ensuite à l'aristocratie, et finalement tombe dans la démocratie d'où naît le despotisme.

Rome suivit cette marche.

vernement sont plutôt une fiction légale qu'une réalité, car il y a toujours un pouvoir qui domine les deux autres, et qui les entraîne dans son orbite; et si cela n'était pas, le rouage politique s'arrêterait. Cette dénomination de gouvernement mixte a pu être vraie au temps de la féodalité : les hommes alors étaient influens par le fait seul de leur position de naissance, puisque chaque seigneur appuyait ses intérêts personnels de la force de tous ceux qui lui étaient soumis; (1) mais de nos jours, où l'inféodation de l'homme n'existe plus, il n'y a dans l'État que des petits et des grands intérêts, et un pouvoir directeur. C'est donc l'exacte représentation des petits et des grands intérêts qui produira le bonheur et la véritable richesse du pays.

Peuple, la liberté, ce bien précieux dont le nom seul fait vibrer toutes les fibres du cœur humain, n'est pas une chose sur l'existence de laquelle le législateur puisse en imposer. C'est en vain qu'il écrirait sur chaque page du code des lois : *Liberté!* Si ce mot n'était qu'un fiction, un malaise profond, qui travaillerait tous les esprits, indiquerait bientôt que, à l'aide d'un mensonge politique, il a voulu tromper les citoyens, et déguiser ou le vice ou l'injustice de ses lois.

La liberté est un fait, c'est un besoin pour l'homme, et lorsqu'une nation vit long-temps paisible sous un gouvernement quelconque, l'on en doit conclure que ce mode de gouvernement est approprié aux usages de cette nation, et lui accorde la liberté qui lui est nécessaire : s'il en était autrement

---

(1) Les communes menacées dans leur indépendance, par le pouvoir des grands, étaient forcées de s'associer et de s'armer pour leur résister, et alors il existait réellement trois pouvoirs matériels dans l'État : le roi, les grands et les bourgeois; lesquels se combattaient, s'alliaient pour triompher, et se divisaient de nouveau après la victoire. Mais, de nos jours, il n'y a rien de semblable dans la société.

elle briserait par l'inertie ou par la violence (1) les fers dont on voudrait la charger, car les nations marchant toujours, quand elles refusent de suivre leur gouvernement, c'est comme si elles le devançaient, et ce dernier est perdu. (2)

Certes, si parler de liberté, écrire ce mot dans les lois, constituait la liberté, quelle nation, ô Peuple, serait plus libre que la nôtre? Et pourtant depuis quarante ans, semblables au malade qui se retourne sans cesse dans son lit de douleur, pour trouver une position moins pénible, nous ne faisons que nous agiter, espérant toujours saisir le bonheur et la liberté. Mais quand l'enthousiasme du moment est passé, nous voyons que nous avons été le jouet de quelques hardis intrigans et que notre sort s'est empiré.

Jamais nation n'a été si folle que la nôtre dans ses vœux et dans ses désirs. Nous sommes fiers d'avoir de puissantes armées sur pied, et nous crions contre les gros impôts.

Nous demandons que les places soient gratuites, et lorsqu'un emploi est peu rétribué, nous n'estimons point celui qui le remplit s'il n'a pas de fortune personnelle.

Nous demandons un gouvernement fort, et nous craignons le despotisme et critiquons amèrement tous les actes du pouvoir, afin de leur ôter toute autorité morale.

Nous désirons l'égalité, et jamais société n'a plus aimé les distinctions et la niaiserie des rubans.

---

(1) Cette assertion est confirmée par l'exemple de l'empereur Joseph II, qui, dans sa manie d'amélioration, ayant voulu changer les usages des peuples soumis à son sceptre, ne réussit qu'à les soulever, et mourut fort à propos, car les Hongrois d'un côté, les Belges de l'autre, étant armés contre lui, et tous ses autres sujets commençant à remuer, il est fort présumable qu'il aurait été détrôné.

(2) Cette seconde assertion est prouvée par la chute des Stuarts.

Nous parlons de mœurs avec emphase, et nous ridiculisons les personnes dont la conduite est pieuse et sainte.

Nous vantons nos lumières, et nous nous moquons des savans.

Nous voulons la liberté, et l'immense majorité de nos concitoyens est despote dans son intérieur, et ne conçoit que le monopole (1).

La glorieuse révolution de juillet 1830 devait nous inonder de bonheur, de gloire et de richesse : voyons donc, ô Peuple, où elle nous a conduits.

La *glorieuse révolution*, faite dans l'intérêt des nations contre les rois, a augmenté partout l'impôt et rendu plus pesantes les charges des pauvres; elle a tari les sources de la richesse publique en bannissant la confiance d'où naît l'industrie; elle a effrayé les souverains, éveillé l'ardeur de tous les hommes cupides, et enflammé toutes les jeunes têtes, en leur faisant croire à la réalisation de leurs chimères.

L'Europe a été ébranlée dans sa base, et un bruit sourd, précurseur des orages, a passé sur les empires.

La valeureuse Pologne a voulu reconquérir sa nationalité, et, se fiant aux mensongères promesses des libéraux, elle a bravé le colosse du Nord; mais accablée par le nombre, elle vient, hélas! de succomber héroïquement, après avoir glorieusement répandu des torrens de sang.

La Belgique fanfaronne a brui un instant à la surface des nations et s'est éteinte moralement dans la honte.

---

(1) Le monopole est la plaie de la France. Je n'ai encore vu que bien peu d'individus qui eussent une idée de la liberté : pour la masse, la liberté est faire ce qu'elle désire, et tyranniser ceux qui ne pensent pas comme elle.

Mais être juste envers tous, avoir le pouvoir en main, et ne confier la défense de ses opinions qu'à la logique, c'est ce qui n'est pas compris.

L'inquiète et superbe Italie, toujours désireuse d'une liberté qu'elle ne peut conquérir, a voulu renverser ses dominateurs, et nous appelait à son aide; mais trompée dans son espoir, il lui a fallu reprendre, en gémissant, le joug qu'elle abhorre.

La catholique et patriotique Espagne, prie, appuyée sur ses armes, et nous jette un de ces regards brûlans qui décèlent la haine.

La mercantile et perfide Angleterre, gangrenée d'abus et sur le bord de sa ruine, calcule pourtant encore, au murmure lointain des tempêtes, ce qu'elles pourront lui rapporter.

La belliqueuse Germanie se hérisse de baïonnettes et frémit sous le poids des escadrons; et la France, la noble France, divisée par le droit et par le fait, et déchirée par les factions, voit tomber pièce à pièce l'œuvre du 7 août et entend gronder sourdement la hideuse et sanglante anarchie.

Il n'est qu'un moyen de salut pour la France, c'est l'union des hommes honnêtes de tous les partis. Car c'est en vain qu'ils espéreraient échapper par l'inaction et l'isolement aux résultats certains de la révolution abandonnée à elle-même. Ils sont religieux, probes, nobles ou riches : religieux, leur conduite est la censure vivante de son impiété; probes, ils accusent ses continuelles dilapidations; nobles, ils offensent son orgueil; riches, ils excitent sa cupidité. O Peuple, puisque la lâcheté ne peut les sauver, et que ton sort est lié au leur, élève donc ta voix puissante, et fais entendre ces paroles:

« Hommes honnêtes de France, réunissez-vous et combattez » l'esprit de révolution avec toutes les armes que la loi vous a » mises aux mains. Hâtez-vous de sortir de l'oisiveté politique » où vous croupissez, car si vous ne le faites, l'anarchie par- » courra bientôt les rues de nos cités naguère florissantes; » elle anéantira partout le travail qui nourrit le pauvre, elle » souillera de son pied fangeux les brillans parquets des

» salons, et du sein de ses orgies, par délassement, elle don-
» nera l'ordre d'abattre vos têtes.

» La banqueroute nationale, l'emprunt forcé, la guerre » civile, la guerre étrangère et la terreur seront les résultats » de l'esprit de révolution, si vous sacrifiez sur l'autel de la » Peur (1). Mais si vous vous réunissez, et si vous travaillez » avec courage, le ciel se rafraîchira, les tempêtes s'évanoui- » ront, et les nations et les gouvernemens, instruits par l'ex- » périence et réconciliés, entreront dans une nouvelle vie où » présidera la divine Charité : temps de grandeur et de pros- » périté qui vous paieront de toutes vos fatigues; car les jours » de l'homme de bien ne sont pas semés de roses, mais d'é- » pines; il ne s'endort pas aux accens harmonieux des fêtes, » mais au mugissement des orages comme l'aigle et le vautour. » Son existence est une lutte continuelle contre les méchans.»

Tous nos maux, ô Peuple, viennent du parjure des députés aux états-généraux de 1789, qui ont annulé leurs mandats et brisé l'antique constitution du pays.

La vieille monarchie, basée sur le privilége comme tous les autres gouvernemens de l'Europe, était parvenue à ce point de malaise où un changement devient nécessaire parce

---

(1) Je ne doute pas que beaucoup de personnes ne traitent ce dernier alinéa d'exagération; mais Cassandre aussi était traitée de folle par les Troyens.

Les hommes de 89 ne pensaient pas non plus aux horreurs de 93, mais les mêmes causes produisent toujours les mêmes effets.

L'agitation politique anéantissant le travail, le peuple souffre et murmure; les hommes du pouvoir, qui ne veulent pas convenir que ce sont leurs principes qui causent le mal, en accusent leurs adversaires; et enfin un jour arrive où les passions arment les citoyens les uns contre les autres, et où la mort paraît un argument. La misère va toujours en croissant, et ce n'est qu'après d'effroyables catastrophes que l'épuisement et la ruine générale ramènent la paix dans un pays.

que tous les esprits le désirent, et si les députés s'étaient bornés à restaurer et à remettre en vigueur l'antique constitution (1), en fortifiant nos vieilles franchises, le vaisseau de l'État serait entré doucement dans le port de la liberté ; mais les uns, entraînés par leur amour pour la nouveauté, et les autres par leur cupidité, le manœuvrèrent si mal qu'il fit un affreux naufrage.

Alors tout fut confusion. Le législateur isola les citoyens en les rassemblant par masses pour voter dans les élections, bien sûr qu'au milieu d'un pareil tumulte, et arrachés à toutes leurs habitudes, ils ne pourraient se reconnaître, que les hommes paisibles ne seraient pas écoutés, et qu'au moyen d'orateurs impudens, il enflammerait les passions et les pousserait en avant.

Cette combinaison excellente pour détruire et faire le mal réussit à merveille. Mais, quand tout fut renversé, les géans de la ruine ne furent que des pygmées pour édifier. Leurs lois à phrases sonores tombaient les unes sur les autres comme les châteaux de cartes que construit l'enfance, car elles n'avaient aucunes racines dans les habitudes : elles détruisaient l'inféodation de l'homme et flattaient ainsi l'orgueil ; elles brisaient les vieilles coutumes ; elles auraient voulu anéantir tous les antiques souvenirs et tout esprit de localité ; mais, à toutes ces choses positives, elles ne substituaient que des êtres abstraits, la liberté, l'égalité, la gloire, la patrie.

Or, ces mots n'avaient pas une signification égale pour tous. La patrie, pour le savant, c'était la France avec sa glorieuse histoire de quatorze siècles, et les chefs-d'œuvre de

(1) Restaurer et remettre en vigueur une constitution, c'est en réalité comme si l'on en faisait une, à l'exception près qu'on est sûr de bien réussir, ce qui est rare quand l'on bâtit sur des théories.

tous ses grands hommes; mais, pour le pauvre paysan qui n'avait jamais quitté son village, la patrie finissait où son clocher n'était plus visible, où son patois cessait d'être compris (1).

La liberté, pour le cœur généreux, était la faculté de se livrer à ses nobles penchans; pour l'homme violent et passionné, c'était un moyen d'opprimer ceux qui ne pensaient pas comme lui : et cette liberté nominale devint bientôt si odieuse à une partie de la nation, qu'il fallut le règne de la terreur pour la faire subsister quelques mois.

L'égalité était un marche-pied dont l'ambitieux usait pour s'élever jusqu'à son supérieur : nul ne voulait descendre jusqu'à son inférieur.

Enfin, la gloire était un brillant hochet avec lequel on stimulait les jeunes imaginations : les hommes sensés la méprisaient, car elle ne s'obtenait que par d'horribles massacres, sans résultat avantageux pour l'espèce humaine.

Un despotisme brutal finit et devait finir cette tragédie, le pouvoir d'un seul, quelque dur qu'il soit, étant toujours préférable au pouvoir de tous, car un tyran est forcé, par nécessité, d'exercer son pouvoir avec ordre, tandis que la multitude ne procède jamais que par l'anarchie. Le despote était grand; mais, tout grand qu'il était, Dieu ne l'avait pas destiné à fonder une ère nouvelle pour l'humanité. C'était un médecin terrible qui épuisa la révolution par d'abondantes pertes de sang, et interrompit quelque temps sa course désastreuse en la rejetant sur l'étranger.

Napoléon fut le héros de la force brutale; il méprisait les

---

(2) Il n'est pas rare de voir de jeunes habitans des campagnes pris du mal du pays lorsqu'ils s'éloignent du lieu de leur naissance.

hommes de son temps, et il avait raison; il les couvrait de rubans, les gorgeait d'or et les gouvernait avec un fouet, c'était les traiter comme ils le méritaient; mais il ignora la magie, la puissance indestructible qui résident dans la force morale, et cette erreur, qui l'a empêché de rien consolider, provenait de cette pensée que les gouvernans pouvaient, par des fictions légales, édifier ce qui leur plaisait : idée vraie si la société n'était que matière.

Pour qu'une loi puisse subsister long-temps, ô Peuple, il faut qu'elle ne soit que la reconnaissance d'un fait, l'expression d'un besoin, la consécration d'un principe : alors elle ne requiert aucune protection, elle est forte par elle-même et s'affermit par les années.

Napoléon aurait voulu recréer les grands dignitaires de l'empire de Charlemagne, ce qui était revenir indirectement à la féodalité, féodalité il est vrai bien différente dans son pouvoir de l'ancienne, mais qui tendait au même but, c'est-à-dire, à concentrer dans ses mains tous les pouvoirs de la société; or, les morts ne sortant jamais du tombeau, il est étonnant que ce vaste génie ne se soit pas aperçu que, dans la société surgie des ruines de 89, il n'existait plus que des intérêts individuels nullement disposés à s'anéantir dans la volonté des grands, et que le seul moyen d'assurer le repos du pays était de laisser ces intérêts librement s'arranger pour leur défense mutuelle.

En conséquence de ce système, Napoléon rapporta tout à lui : il se crut la France; mais les conquérans passent comme un orage, et les nations demeurent : cette erreur fut cause de sa chute, car elle glaça la masse des citoyens.

La France, épuisée de fatigue, rassasiée de combats et soupirant après le repos, accueillit la Restauration avec des cris de joie. Louis XVIII et ses conseillers composèrent une Charte qui était une transaction entre le passé et le présent, et l'on jouit d'une liberté et d'une paix remplies de charmes.

Mais les factions ne s'endorment jamais, et, sous l'apparence du bien public, travaillent sans cesse à s'emparer du pouvoir. Le règne des Cent-Jours bouleversa de nouveau la France, et l'Europe s'étant ruée sur nous, nos femmes virent pour la seconde fois, en quinze mois, la fumée des camps ennemis autour de la capitale. Honte ineffaçable pour la Révolution, qui fut cause de l'invasion et qui succomba dans une seule bataille, honte dont elle ne se lavera jamais, honte que la vieille monarchie n'avait jamais subie durant ses quatorze siècles d'existence (1).

Louis XVIII vint se jeter entre la France et l'étranger, et, grâce à l'antique droit de sa famille, une rançon nous sauva, et nous rentrâmes dans les voies de l'ordre et de la liberté.

Mais la Révolution honteusement vaincue, la Révolution qui n'a jamais su que détruire et verser du sang, se mit hypocritement à semer la calomnie.

« Les Bourbons étaient les rois de l'étranger, ils étaient » cause de l'invasion ; » tandis que, en vérité, les Bourbons s'étaient interposés entre l'étranger et la France, que le premier voulait démembrer pour n'avoir plus rien à redouter de la Révolution.

Malgré tous les efforts de ses ennemis, la Restauration a fait pendant quinze ans le bonheur matériel du pays ; mais, engagée dans les voies du monopole où les doctrinaires l'avaient placée, elle n'a pu porter tous ses fruits. Enfin, une poignée de courtisans qui rêvaient l'oligarchie, l'ont encore détournée du vrai chemin, et la Restauration est tombée.

---

(1) A Bouvines toute l'Europe était aussi liguée contre la France ; mais Philippe-Auguste vainquit l'Europe.

Peuple, quelques malheurs qui surgissent de la chute d'un gouvernement, quand le fait est accompli, les législateurs doivent s'efforcer d'améliorer l'état social; mais les nôtres n'ont su que replâtrer la Restauration, moins son principe, et dans cet édifice qui remue dans les fondemens, ils nous parlent d'avenir, et se plaignent que nous n'ayons pas de confiance! La confiance ne naît pas des discours sonores, elle ne s'acquiert pas à volonté, les faits seuls peuvent l'enfanter.

Pour nous, nous sommes intimement convaincus que les malheurs de la France ne cesseront que du jour où le *monopole électoral aura cessé, où la centralisation aura été abattue, et où toutes les opinions et toutes les positions sociales jouiront de la vraie liberté dans toute sa plénitude* (1).

La cité nous paraît donc devoir être composée de tous les Français âgés de vingt-cinq ans et portés au rôle des contributions directes.

Si nous portons l'âge électoral à vingt-cinq ans, Peuple, c'est qu'avant ce temps l'homme est trop emporté par ses passions pour s'occuper d'affaires sérieuses, en y apportant le calme et la réflexion nécessaires. Si nous demandons à l'électeur un cens quelconque, c'est que toute question politique étant liée à une question de finance, il serait absurde que celui qui ne contribue en rien aux charges de l'État pût imposer ceux qui les supportent.

Mais ici une grave question s'élève : Comment rassembler et faire voter cette masse immense de citoyens? Certes, outre l'impossibilité matérielle, la démocratie pure serait l'anarchie pure et la guerre civile à perpétuité. Nous serons donc forcés, par la nécessité, de recourir à la représentation, et la démocra-

---

(1) Extrait du *Royaliste* et du *Libéral*.

tie sera indirecte. Enfin, la raison démontrant jusqu'à l'évidence que tout électeur, votant sur une question qu'il ne comprend pas, ne peut bien voter, et l'immense majorité des électeurs étant peu éclairée, si nous voulons la gloire et la splendeur du pays, le vote doit être circonscrit dans un cercle limité.

Nous pensons donc que le vote primaire ne doit pas sortir de la commune. Il n'est pas besoin d'être un savant pour connaître les besoins de sa localité; et, pour distinguer les hommes probes et capables qui y habitent, la notoriété est un flambeau qui ne peut mal éclairer (1). Mais si l'on rassemblait les masses hors de leurs communes, elles tomberaient dans tous les excès, entraînées par la violence des passions, dégagées alors de tout respect humain (2), et seraient le jouet misérable des intrigans; au lieu que dans la localité nous sommes convaincus que leurs choix seront généralement honorables.

Les intérêts de la commune étant représentés, il faut nous élever à la représentation des intérêts supérieurs qui sont les intérêts de la province (3); car, puisque le morcellement mathématique du sol, par l'Assemblée constituante, n'a pu effacer les anciennes dénominations, les anciennes habitudes; puisque nous sommes Normands, Bretons, Provençaux, et non Calvadosiens, Finistériens, Variens, il faut quitter la

---

(1) Voyez l'ébauche A.

(2) En général l'on fait hors de chez soi ce que l'on rougirait de faire sous les yeux de ses proches; la nuit augmente l'audace du méchant, parce qu'on ne le voit pas, ou que l'on ne peut le reconnaître : le respect humain est la seule vertu de la majorité; vouloir s'y soustraire en politique, c'est demander l'anarchie.

(3) Voyez l'ébauche B.

fiction et rentrer dans le vrai, c'est le moyen de consolider le repos du pays. Tous les membres des conseils communaux de chaque canton, réunis en assemblée électorale au chef-lieu de canton, nommeront les députés aux états de la province (1).

Mais il ne faut pas oublier, ô Peuple, que nous avons à représenter les grands et les petits intérêts ; car tout intérêt, quelque minime qu'il soit, qui n'est pas représenté, oppose une résistance sourde et tend à paralyser le mouvement de la machine politique. Nous représenterons les grands intérêts qui aiment la fixité par une pairie héréditaire, afin qu'elle soit indépendante; car, si elle était viagère et nommée par le roi, elle serait à la disposition des ministres ; et, si elle était nommée par élection, elle participerait au mouvement qu'impriment les passions du moment, et ne serait qu'une doublure de la députation.

Nous croyons cependant que si la majorité de la chambre haute des États doit être composée de membres héréditaires, il est avantageux qu'un certain nombre de pairies restent viagères, afin de pouvoir toujours, sans crainte de vicier l'institution, récompenser les services éclatans rendus au pays. Mais l'hérédité doit être la pierre angulaire sur laquelle reposera l'institution, car elle seule peut créer des pairs qui tiennent leur pouvoir du fait seul de leur naissance, et soient indépendans dans la sphère de leurs fonctions, puisqu'ils ne devront rien à personne.

Les intérêts de la commune et de la province représentés, nous n'avons à nous occuper que des intérêts généraux pour terminer l'édifice représentatif. Mais qui peut mieux connaître les besoins généraux de chaque province, et par suite ceux de

---

(1) Voyez l'ébauche C.

la France, que les députés des cantons aux états provinciaux, et les membres des chambres des pairs des provinces?

Nous pensons donc que les deux chambres des états-généraux du royaume doivent être composées des députés que les chambres des députés des cantons et les chambres des pairs des provinces auront choisis à l'élection dans leur sein (1).

Une telle combinaison nous garantit une réunion de talens et de probité politique qui ne s'est jamais rencontrée dans aucune de nos assemblées, et nous aurons tous les avantages de l'élection et de l'hérédité, puisqu'il est à peu près certain que les chambres des députés des cantons, et les chambres des pairs des provinces, ne nommeront que l'élite de leurs membres pour députés aux états-généraux.

Ainsi l'élection aura parcouru trois degrés pour arriver jusqu'au faîte de l'édifice représentatif, et tous les citoyens ayant été consultés, la France aura le gouvernement le plus national qui ait jamais paru sur la terre.

Mais comme nous sommes les descendans des Francs, c'est-à-dire des *hommes libres;* comme toutes les révolutions que les monopoleurs nous font subir depuis quarante ans, nous ont horriblement fatigués, et que nous voulons conquérir un repos durable, au sein duquel toutes les richesses du sol et de l'industrie puissent se développer, nous repousserons du Code des lois toutes les prohibitions que le despotisme a opposées à l'esprit d'association, sans quoi la liberté ne serait qu'un vain mot.

Oui, Peuple, il n'y a pas de liberté sans association, et nul n'a le droit de fixer le mode d'association.

---

(1) Voyez l'ébauche D.

L'association peut être à temps ou éternelle, si telle est la volonté de ses fondateurs; et tout gouvernement, quelqu'il soit, qui s'oppose aux associations est oppresseur, car le devoir des gouvernemens est de régir les hommes par la justice, et non de les tenir en lesse et muselés comme des chiens.

Un gouvernement est une vaste et puissante association qui enveloppe une nation dans ses nombreuses ramifications : lors donc qu'il s'oppose aux associations, il prend publiquement la route du monopole, il sépare le souverain de la cité, il forge une arme puissante pour la tyrannie.

L'on objectera peut-être que les passions qui fermentent sans cesse dans la société, useront de la faculté de s'associer pour renverser le gouvernement.

Nous répondrons à cette objection que nous désirons la liberté d'association pour l'avantage de tous, parce que le principe de l'ordre social étant l'association, étendre ce principe c'est affermir la société; mais que dans un état vraiment libre, aucun acte collectif ne doit être secret; car, si le citoyen peut faire dans son intérêt tout ce qui n'est pas nuisible à autrui, la loi sévère et impartiale doit s'appesantir sur tout pacte secret, parce que, par cela seul qu'il est secret, il est coupable (1).

Nous pensons donc, ô Peuple, que toute association ne peut et ne doit exister qu'en vertu d'une constitution écrite, dont copie sera délivrée au gouvernement, qui aura droit, dans un délai fixé, de s'opposer à l'association s'il la trouve nuisible au bien public ; mais le jugement à intervenir en cas de contestation entre le gouvernement et les fondateurs de

(1) Mais pour que le pacte collectif soit coupable, par cela seul qu'il est secret, il faut que la liberté règne dans toute sa plénitude ; sinon, non.

l'association, doit être rendu par des juges inamovibles et spécialement destinés à décider ces questions (1).

Si, du droit de s'associer, qui est une propriété collective, nous passons au droit de posséder individuellement, nous n'aurons pas besoin de longs raisonnemens pour établir son *utilité et sa nécessité*. C'est sur ce droit que la civilisation est fondée, et s'il était brisé toute ardeur pour le travail périrait; tout amour pour les sciences et les arts s'éteindrait dans les cœurs des citoyens ; la famine et la guerre civile décimeraient promptement les nombreuses populations, et l'homme civilisé redescendrait au niveau de l'Indien vagabond de l'Amérique.

Si, après avoir brisé le droit de posséder par transmission, le législateur insensé faisait encore un pas et rompait le lien sacré du mariage, l'espèce humaine tomberait presque jusqu'à l'animal, dont elle ne différerait que par sa férocité; et, si quelques liaisons entretenues par une affection réciproque ne reproduisaient l'image affaiblie du mariage, l'espèce s'éteindrait, car la communauté des femmes engendre leur stérilité.

Le droit de propriété s'étend donc, par nécessité, aux choses et aux personnes, car l'époux possède l'épouse, et *vice versâ*; mais si l'on peut avoir un titre légitime sur autrui, à plus forte raison se possède-t-on soi-même, d'ou il résulte que, à moins d'attentat aux droits des autres, la liberté individuelle est sacrée, et que tout gouvernement équitable doit la respecter.

Mais pour que la liberté individuelle soit un fait réel, et non une fiction légale, il faut qu'il y ait un lieu, si petit qu'il soit, où elle puisse exister dans toute sa plénitude, et ce lieu c'est le foyer domestique ou le domicile.

---

(1) Voyez l'ébauche E.

Nous voici parvenus, ô Peuple, à la plus intéressante de toutes les questions politiques.

Le domicile est-il une retraite inviolable où nul ne peut entrer sans la permission du maître?

S'il en était ainsi, un homme couvert de crimes pourrait donc de sa fenêtre braver l'indignation publique et insulter à la majesté des lois ?

Mais si le domicile est pénétrable à volonté aux agens de l'autorité, la liberté individuelle, ce droit sacré, se trouve gravement compromise.

C'est ici, Peuple, qu'il nous faut remonter au principe de toute société, qui est l'association en vue d'assurer le plus de bonheur possible aux membres de cette association.

Or tout individu qui viole les droits d'autrui renonce par ce fait à ceux que lui garantit le pacte social : il déclare la guerre à la société, et doit s'attendre à subir le châtiment de sa faute, s'il est vaincu.

Mais hors le cas de flagrant délit, ou de clameur publique après un délit, et en observant les formes légales, la liberté individuelle doit toujours être sacrée, et sur aucun soupçon le domicile ne peut être violé; car la pensée qui s'exhale au foyer domestique n'est point sujette de la loi.

D'ailleurs l'expérience démontre que les lois de suspicion et les visites domiciliaires nuisent plus au gouvernement qu'elles ne lui servent, parce que la haine et l'esprit de parti s'en font une arme puissante, pour satisfaire leurs passions, dans chaque localité : et c'est toujours le gouvernement qui recueille l'inimitié de tous les opprimés.

Tels sont, ô Peuple, dans la généralité les droits qui résultent du titre de citoyen ; mais la loi sur laquelle pivote le monde moral, attache un devoir à tout droit.

Tout homme, comme créature, est toujours pauvre en

naissant, et les richesses des nations civilisées, sont le fruit du travail et ne peuvent se conserver et s'accroître que par le travail.

Or le chef de l'État participe à la pauvreté originelle de tous les hommes, et tout son temps étant consacré à régir la société, il a le droit de lui demander ce qui est nécessaire à ses besoins, et à ceux des magistrats qui sont nommés par lui pour remplir les emplois d'administration publique : sans cela, ils ne pourraient subsister, et leur condition serait inférieure à celle des autres citoyens qui tirent un profit quelconque de leur travail. C'est donc un devoir pour les citoyens de verser chaque année au trésor public une somme proportionnelle à leur fortune pour le traitement des fonctionnaires.

Ils doivent aussi solder l'armée, entretenir les forteresses et subvenir généralement à toutes les dépenses nécessaires pour la sûreté de l'État : s'ils ne le faisaient l'édifice social s'écroulerait, et une sanglante anarchie surgirait de toute part.

L'impôt en denrées ou en numéraire est donc un devoir absolu pour tout membre de la société ; mais ce devoir cesse où l'exaction commence, et nul n'est obligé de payer au delà de ce que réclament justement les besoins de l'État (1). Aussi l'histoire, cette sage conseillère, nous montre-t-elle que presque toutes les révolutions tirent leur origine de la dilapidation des deniers publics, et, par suite, de la demande de nouveaux impôts.

Heureux les rois économes, et plus heureux encore les pays qui les possèdent ! la confiance règne entre le souverain

---

(1) Si l'on objecte que j'ai exposé le droit absolu, et que je n'ai point donné de *criterium* qui indique quand il est permis de l'exercer, je répondrai que c'est la conscience des peuples qui est juge en pareille matière.

Voyez l'ébauche F.

et les sujets et le vent brûlant des révolutions ne souffle jamais sur eux.

Au nombre des charges publiques, la plus dure de toutes est celle que l'on nomme *l'impôt du sang*, et c'est aussi sur elle qu'il est important de réfléchir,

La méchanceté des hommes, leur cupidité, leur orgueil, leurs rivalités, portent souvent les nations à s'armer les unes contre les autres, et à verser des torrens de sang, sans autre résultat réel que de satisfaire l'ambition de leurs chefs et d'occuper quelques instans l'active inquiétude qui dévore le cœur de la jeunesse.

C'est de là que naît, ô Peuple, le besoin d'entretenir des armées permanentes, afin d'être toujours prêt à soutenir le droit par la force. Mais comme l'état des sociétés modernes, basé sur l'industrie et sur des occupations sédentaires, ne permet pas à tout le monde d'être soldat *ex tempore*, parce qu'alors toute industrie périrait, et que l'on n'obtiendrait ainsi qu'une masse immense, confuse et incapable de supporter les fatigues de la guerre, les gouvernemens préfèrent, à juste raison, des armées moins nombreuses (1) et composées d'hommes habitués au joug d'une discipline sévère, et façonnés de longue main au maniement des armes.

La nécessité d'une armée permanente étant évidente, dans l'état actuel des sociétés, il ne s'agit plus que d'aviser aux moyens de la tenir toujours au complet.

Les gouvernemens qui se sont succédés en France depuis quarante ans n'ont pas hésité, ils ont procédé par la tyrannie.

---

(1) C'est vraiment une chose déplorable de voir tous les gouvernemens de l'Europe augmenter leur état militaire : où veulent-ils donc aller ? Armer les nations en masse les unes contre les autres, c'est marcher vers la barbarie.

Tous les hommes de vingt ans sont, chaque année, soumis à tirer un numéro, et ensuite, lors de l'examen auquel on les soumet, les plus forts sont choisis jusqu'à ce que le contingent soit rempli. Mais comme les habitans de la campagne sont les plus vigoureux et les plus propres à faire de bons soldats, comme ils ont moins de moyens de se faire exempter que les riches et les citadins, tout le fardeau de l'impôt du sang retombe presque sur eux. Dans les villes, cette loi tyrannique et sanguinaire enlève tout ce qu'il y a de pur et de beau dans la jeunesse, parce que tout ce qu'un libertinage précoce rabougrit, flétrit, rend vieux avant l'âge, est repoussé lors de l'examen. Enfin le remplacement étant nécessaire, car si l'élite intellectuelle de la jeunesse était forcée d'aller végéter à l'exercice et de croupir dans les corps-de-garde, lorsque son temps de service serait expiré, elle aurait passé cet âge précieux où l'on doit semer si l'on veut recolter plus tard, l'on admet par exception ce qu'on refuse en principe ; c'est-à-dire que l'on pose en principe que tout citoyen défendra sa patrie, et que par exception on lui permet de s'en dispenser, s'il a de l'argent, ce qui est une injustice à l'égard du pauvre, car il n'y a pas égalité entre sa vie que le pauvre expose, et la faible somme que livre le riche pour se faire remplacer ; et si la loi est exécutée, sans permettre le remplacement, elle abrutit la nation ; et je prendrai pour exemple les temps de l'Empire où l'instruction publique allait toujours en diminuant, tandis que le despotisme grossier du glaive s'appesantissait de plus en plus.

C'est au vice de cette loi, Peuple, qu'il faut attribuer ces longs massacres décorés du nom de guerres nationales par la Révolution et par l'Empire : si le plus saint des droits, la liberté individuelle, n'avait pas été anéanti, l'on n'aurait pu mettre notre belle patrie en coupe réglée, et répandre la douleur au sein de toutes les mères.

Proclamons donc hautement la vérité, c'est que, s'il n'y a pas d'autre moyen de remplir les cadres de l'armée que le recrutement forcé, il faut que tout le monde fasse son service en personne, car il est injuste d'exposer le pauvre à la mort pour la défense des propriétés du riche.

Or ce moyen de défendre la patrie, sans attenter à la liberté individuelle existe, c'est l'enrôlement volontaire. A ce mot tous les suppôts des abus s'écrient : « Il ne se présentera pas assez de sujets. » Certes, dans l'état de misère où le soldat est réduit maintenant, cela peut être vrai ; mais si l'on supprime toutes les places inutiles de l'armée, si l'on restreint à des limites convenables l'état-major, il sera possible de donner au soldat une paie qui soit en rapport avec celle qu'il touchait au moyen âge (1), et alors, sans augmenter les charges du trésor public, le drapeau national sera toujours entouré de nombreux combattans : les jeunes hommes aiment la guerre, quand c'est volontairement qu'ils la font. Et n'est-ce pas une honte, ô Peuple, que le dernier commis, qui mène une existence paisible et sans danger, soit plus rétribué que le soldat qui expose sa vie pour la patrie ? tandis qu'il est possible en réduisant le nombre des officiers au nécessaire, et en supprimant les abus, de payer le soldat assez bien pour que l'état militaire soit recherché, et pour que les vétérans soient assurés d'une retraite pour leurs vieux jours (2).

Les doctrinaires, c'est-à-dire ceux qui prétendent régir les États par les exceptions et par l'arbitraire, nous opposeront

---

(1) La solde des officiers a toujours été en augmentant, tandis que celle du soldat est presque restée stationnaire ; voilà pourquoi il a fallu recourir au recrutement forcé, qui, de cette façon, est un acte d'injustice et d'avarice, et enfin contraire à la Charte, qui abolit pour jamais *la conscription*.

(2) Voyez l'ébauche G.

qu'une armée de volontaires sera, dans la main du prince, un instrument de despotisme.

Nous répondrons à cette objection que le despotisme n'est possible que là où la masse le veut supporter, et que nous n'avons jamais prétendu empêcher les citoyens de veiller au repos public, dans chaque localité, et d'avoir des armes pour défendre les libertés constitutionnelles contre leurs aggresseurs (1).

Mais, sous prétexte de parer à un mal éventuel, opprimer le pauvre, et plonger sa famille dans les larmes, *c'est un crime* contre lequel tout ce qui porte un cœur d'homme doit protester.

Voici la question réduite à sa plus simple expression.

L'État a besoin de défenseurs.

Il est deux manières de s'en procurer :

L'une, en violant la liberté individuelle, c'est la moins coûteuse, en conservant les abus actuels, mais elle est injuste; l'autre, en respectant cette même liberté, c'est la plus coûteuse si les abus ne sont pas supprimés, mais elle est juste.

Qui pourrait maintenant hésiter, ô Peuple? qui voudrait par une lâche avarice faire répandre un sang qui ne s'est pas offert? Que les gouvernemens soient économes, que les sinécuristes ne profitent plus des sueurs du pauvre, et l'or ne manquera pas pour les défenseurs de la patrie aux jours du danger.

Les passions, l'ambition, la rivalité, entraînent souvent les nations dans les champs de carnage; dans chaque société, la cupidité, la mauvaise foi, la jalousie, poussent les citoyens à des différends que la sagesse du législateur a rendus non sanglans, mais d'où naissent presque tous les malheurs

(1) Voir l'ébauche H.

des familles. De la difficulté d'interpréter les lois, de la quantité toujours renaissante des procès, est née la nécessité d'un corps de magistrature permanent et qui eût étudié spécialement les lois ; car, avec la civilisation, l'esprit de ruse et de fraude croissant toujours, il surgit une équité factice et inique à l'égard de l'homme illétré, laquelle se nomme légalité et requiert des interprètes exercés. Enfin le gouvernement et les simples citoyens ayant parfois des contestations, et les magistrats qui les jugent ayant besoin d'indépendance, pour agir sans crainte dans la sphère de leurs fonctions, l'inamovibilité est devenue une nécessité, et un boulevard des libertés publiques.

Mais à quoi servent toutes ces institutions protectrices, si les portes du temple de la justice sont obstruées par des courtiers avides, nécessaires au pauvre pour entrer dans le sanctuaire, et qui mettent un si haut prix à leurs services que la justice devient illusoire pour lui ?

C'est en vain jusqu'à ce jour que le législateur a voulu régler les honoraires des avoués et des avocats, ils ont toujours su s'y soustraire en fait : aussi pensons-nous que le seul moyen d'abaisser les frais de justice est de supprimer le monopole des avoués, et de permettre à tout individu d'être défenseur, sans qu'il soit forcé d'exhiber un diplôme de licencié-ès-lois.

La concurrence seule peut forcer les avoués et les avocats à baisser le haut prix de leurs honoraires ; elle abrégera la durée des procès, parce que les parties pourront conclure un marché à forfait (1) avec l'avoué, pour la conduite de l'affaire,

---

(1) Il serait nécessaire qu'il y eût obligation de passer un marché entre l'avoué et le client ; ce serait le meilleur moyen de hâter la marche des affaires.

lequel alors n'aura plus aucun intérêt à élever chicane sur chicane.

Si l'on m'objecte, ô Peuple que les tribunaux fourmilleront d'avoués, et qu'ils ne présenteront plus autant de garantie que lorsqu'ils étaient monopoleurs, je répondrai qu'il sera sage d'exiger d'eux un cautionnement. C'est une mesure de sûreté pour les cliens, qui n'exclut nullement la liberté de la profession. Enfin, former un corps des avocats et ne pouvoir être admis sur le tableau des membres de l'ordre, plaidant devant chaque tribunal, sans exhiber un diplôme de licencié-ès-lois, est un gothique privilége en contradiction avec les mœurs et la raison, puisque tout orateur qui n'aurait pas de talent, et tout jurisconsulte qui serait sans érudition, se verraient promptement délaissés. (1)

Tels sont les moyens qui nous semblent devoir répandre le bonheur sur notre belle patrie; car le bonheur des nations, ô Peuple, ne réside pas tant dans la liberté politique que dans la liberté civile; et pour qu'elle soit vraie, il faut que tout le monde puisse se faire rendre justice : c'est pourquoi nous pensons que la juridiction des juges de paix devrait être étendue, et qu'il faudrait relever leurs fonctions, dans l'opinion publique, par le désintéressement avec lequel elles seraient remplies. (2)

Portées à leur comble, ô Peuple, les passions ne se con-

---

(1) Si les examens sont inutiles pour les avocats, il n'en est pas de même pour les médecins; l'intérêt de la société exige qu'on les examine sévèrement : les pauvres ne sont que déjà trop la proie des charlatans.

(2) Il n'existe rien de plus noble pour un citoyen que de consacrer son temps au public; c'est en réalité un cadeau qu'il fait aux contribuables; il est malheureux que toutes les places ne puissent être gratuites, les magistrats seraient plus respectés.

Voyez l'ébauche I.

tentent plus de transgresser silencieusement les lois ; elles les violent ouvertement ; elles substituent la force brutale au droit, et commettent des délits sur les propriétés et des crimes sur les personnes. Tout mode de représentation, dans ces cas désespérés, étant devenu inutile, il faut alors recourir aux moyens coercitifs et sévir contre les délinquans, afin d'intimider ceux qui seraient tentés de les imiter, et pour préserver ainsi la société de nouveaux attentats.

Mais une question grave s'élève : qui constatera le délit ou le crime?

Diverses nations, jalouses de la conservation de la liberté individuelle, n'ont pas voulu confier à des magistrats, même inamovibles, le soin de juger les accusés de délits ou de crimes, dans la crainte qu'ils ne fussent sous l'influence du pouvoir. C'est à un certain nombre de citoyens, désignés par le sort, qu'elles ont délégué le soin de constater les faits, et ensuite le magistrat lit la loi et fait connaître le châtiment qu'elle applique au délit ou au crime.

Cette conception de séparer le fait du droit, de manière que ceux qui constatent le délit ou le crime ne savent pas ou ne doivent pas savoir quel est le châtiment que la loi y attache, séduit au premier abord et paraît une sublime théorie : malheureusement l'expérience vient promptement désenchanter.

Les jurés s'informent toujours du châtiment que la loi inflige dans tel ou tel cas, et souvent emportés par l'envie de faire briller leur humanité, ils se font législateurs *ex tempore*, et violent le serment qu'ils ont fait de déclarer la vérité, dans le but d'éviter à l'accusé une peine qui leur semble trop forte : une foule de coupables sont ainsi rejetés dans la société, et, enhardis par l'impunité, n'en deviennent que plus méchans. Enfin dans un pays déchiré par les partis, comme est la France, le jugement par jury est, dans les cas politiques, une condamnation ou une absolution minutée d'avance. (1)

Quoi de plus absurde, par exemple, que de soumettre les délits de la presse au jugement d'un jury choisi par le sort, puisqu'il peut se trouver ainsi entièrement composé d'hommes absolument incapables de comprendre la cause qui leur est soumise? Mais, disent les partisans de cette institution, si les cas criminels sont déférés à des tribunaux spéciaux, et composés de membres inamovibles, ils se feront une habitude de condamner, et l'innocent sera souvent confondu avec le coupable. Répondre ainsi est tout simplement déclarer que les jugemens des hommes sont remplis d'incertitude, et les jurés ne sont pas plutôt infaillibles que les magistrats : ceux-ci au contraire sont plus habitués à marcher avec mesure que les jurés, qui ne visent souvent qu'à faire triompher leur opinion personnelle, et à faire parade de philantropie.

Si pourtant, ô Peuple, par considération politique, dans la crainte de donner trop de puissance à la magistrature, l'on

---

(1) Le 14 juillet 1830, le jury de Paris a donné un grand exemple de ces jugemens iniques dictés par l'esprit de parti.

Voici le fait dans toute sa simplicité :

Le 7 avril 1830, le nommé Wright s'introduisit dans une des chapelles de Saint-Eustache, y vola un grand crucifix de cuivre argenté, le brisa pour l'emporter sous ses vêtemens, et fut pris en flagrant délit. Loin de nier le fait, Wright déclarait qu'il avait pris le cuivre argenté pour de l'argent.

Me Moulin, avocat de l'accusé, fit valoir en sa faveur quelques circonstances atténuantes et la sévérité de la peine qui, dans ce cas, eût été de cinq années de réclusion et le carcan.

Me de la Palme, avocat général, fit remarquer dans sa réplique que cette peine était précisément celle qui avait infligée, *sur la déclaration du même jury*, à une pauvre femme, qui, précédemment condamnée à six mois de prison, avait soustrait une mauvaise paire de draps chez un logeur.

Le jury déclara l'accusé Wright non coupable.

veut conserver cette institution, qui, née dans les contrées guerrières du Nord, (1) aux temps de barbarie, se retrouve à l'apogée de la civilisation dans les deux pays qui guident le monde, la France et l'Angleterre, il nous semble que le *criterium* qui devrait guider le législateur, dans le choix des jurés, ne devrait pas être le cens; car que d'hommes qui paient le cens et sont incapables de comprendre la gravité d'une cause politique. Et si l'on croit que, dans les causes criminelles ordinaires, le sort produira d'aussi bons juges que des magistrats inamovibles spéciaux, au moins que pour les délits politiques il soit formé un corps spécial de jurés, dans lequel le sort désignera. La raison et l'équité sont d'accord pour réclamer une telle amélioration.

Il est une chose, ô Peuple, qui lie les hommes les uns aux autres, excite, appaise leurs passions, calme leurs maux, augmente leurs plaisirs, élève leur ame et la comble de bonheur, c'est la parole. Privez l'homme de la parole, et sa prééminence sur tout ce qui existe cesse, il n'est plus qu'un animal ordinaire et aucun hymne ne s'élève de la terre jusqu'au ciel, en l'honneur du Très-Haut: un silence de mort couvre le monde et tous les chefs-d'œuvre des arts restent ensevelis dans l'abîme du possible.

La parole, tel est le nom que portait le Sauveur, et c'est avec la parole, et sans autre arme que la persuasion, qu'il a triomphé de toutes les entraves de la tyrannie et conquis tout ce qui porte une ame digne de connaître la vérité.

Mais la parole, modulée en sons divers, n'avait point encore atteint toute la puissance qui lui était réservée. En vain quelques rares manuscrits conservaient-ils les sublimes con-

---

(1) En Suède et en Norwège.

ceptions du génie et de la vertu, leur haut prix les dérobait au vulgaire, et l'immense majorité vivait dans les ténèbres de l'esprit. Il était donné aux temps modernes de trouver un mode prompt et peu dispendieux de faire descendre la parole dans tous les rangs de la société ; de sorte que le philosophe qui pense dans la retraite peut émouvoir et charmer les masses par la seule peinture inanimée de sa majestueuse éloquence. L'imprimerie fut découverte ; et cet art qui a triomphé, à tout jamais, de la barbarie, qui conservera, sans craindre les fureurs d'un nouvel Omar, le dépôt des connaissances humaines à nos derniers neveux, vivifie les nations et les embellit d'une éternelle jeunesse.

Aussitôt qu'il parut les gouvernemens le confisquèrent à leur profit, et usèrent de toute sa magie pour émouvoir, à volonté, l'esprit des sujets ; possesseurs de cette arme puissante, ils contemplaient les générations qui naissaient et mouraient à leurs pieds, en suivant la route qu'ils leur traçaient avec soin. Mais sitôt que quelques hardis Prométhées eurent dérobé une étincelle du feu sacré, et répandu la lumière de leur flambeau brillant sur la face des nations, tout fut changé. La force réelle se déplaça, elle ne fut plus avec le nombre, elle suivit la vérité ou ce qui paraissait l'être.

Aussi dès ce jour tous les amans d'un inique pouvoir, tous les monopoleurs, tous les sinécuristes, tous les impurs se réunirent pour étouffer l'astre naissant, et ils ne réussirent qu'à diminuer leur puissance et montrer la faiblesse de leur cause.

Proclamons-le hautement, ô Peuple, la vérité n'a rien à craindre de la liberté de la presse. Quand une nation a long-temps sommeillé dans les langes du despotisme, et qu'elle se réveille inopinément libre d'entraves, elle peut d'abord, sans doute, mal user du pouvoir dont elle jouit, et quelques désordres partiels marqueront peut-être son passage subit du repos au mouvement. Mais tout se calme avec le temps, et la société, qui semblait un fleuve débordé, rentre dans son lit et suit sa marche ordinaire. L'erreur et ses volumineux ouvrages s'engloutissent dans l'abîme de l'oubli, à la surface duquel flottent les œuvres de vérité.

Aussi est-ce moins contre la presse en général que contre le journalisme que sont déchaînés les nombreux adversaires de la liberté de la pensée. Le journalisme semble, en effet, prendre à tâche de justifier leurs reproches par ses mensonges et ses honteux excès ; mais cette ignoble effervescence ne peut durer toujours : si les passions violentes et haineuses se sont d'abord jetées seules dans l'arène, et ont voulu tout bouleverser, l'amour de l'ordre, de la vertu, la nécessité des principes, entreront en lice, à leur tour, rétabliront l'équilibre et triompheront, car tel est leur lot, dans ce grand combat du bien et du mal, qui dure depuis le commencement du monde et ne cessera qu'à la fin des temps.

Marchons donc, ô Peuple, avec prudence, mais en avant ; le passé ne sort jamais du tombeau, laissons-le dormir de son éternel sommeil, et assurons-nous la paisible possession des conquêtes de l'intelligence.

Rejetons loin de nous, avec indignation, le monopole honteux de l'instruction publique. La liberté de la presse est proclamée, la liberté de l'instruction est sa première conséquence. Quoi ! nous foulerions la terre des Francs, et nos fils seraient tous dressés, comme des chevaux de manége, par les Séides du gouvernement ! Nous serions forcés de les confier à des hommes qui n'ont souvent aucun principe religieux, qui, mus par le seul intérêt personnel, ne s'occupent qu'à les bien styler, comme des singes ou des perroquets, et ne veillent en rien sur leurs mœurs, cette partie vitale de l'éducation !

Réclamons, Peuple, réclamons constamment et avec énergie la possession de toutes nos libertés, et nous verrons des écoles libres s'élever de toute part, sous la seule inspection des agens du gouvernement (1); car si nous voulons la liberté, nous voulons l'ordre en tout et partout. Alors la concurrence fera baisser le prix de l'instruction, et tous pourront jouir de ses bienfaits.

Si nous réclamons avec tant de justice, ô Peuple, le droit de publier nos pensées, et d'élever nos enfans avec liberté, que ne ferons-nous pas pour obtenir le droit d'adorer Dieu suivant l'inspiration de nos consciences? Il n'est pas une ame vertueuse qui ne s'indigne à la seule idée qu'une contrainte puisse être apportée aux communications de la créature avec son Auteur. La liberté dans ce cas est plus qu'un droit, c'est un besoin brûlant, sans la possession duquel il n'est pas de bonheur sur la terre.

Déjà une tolérance, fruit de la nécessité, règne dans notre pays, mais cette tolérance n'est point telle qu'elle devrait être. Ainsi le gouvernement se prétend possesseur des monumens sacrés, que la piété de nos pères a édifiés pour la célébration des saints mystères, d'où il suit qu'il peut à volonté les fermer et les interdire aux fidèles. Il s'arroge, malgré la constitution qui ne reconnaît pas de religion d'Etat, le droit de choisir nos évêques, et tend ainsi à ruiner sourdement toutes nos libertés morales. Il a confisqué les biens destinés à l'entretien du culte, et il prétend salarier nos prêtres : il voudrait en faire des agens de police.

---

(1) Une telle inspection n'est pas l'arbitraire : les agens du pouvoir assistent aux leçons s'ils veulent, et s'ils jugent qu'on abuse de la liberté pour pervertir les élèves, ils font leur rapport au gouvernement, qui alors fait juger le différend par un tribunal spécial inamovible.

C'est quand l'esprit de la constitution est aussi ouvertement violé qu'on nous parle de liberté ! n'est-ce pas joindre l'ironie à l'oppression ? Mais cette usurpation flagrante de nos droits les plus saints ne peut durer long-temps : la nécessité, l'inflexible nécessité, arrachera la nomination des évêques des mains sacriléges du gouvernement ; et nous n'aurons plus la douleur d'entendre gémir l'épouse de Jésus-Christ, dans la crainte de voir s'altérer l'antique pureté de la foi, par le choix de pasteurs indignes. Une liberté de conscience noble et pure se répandra dans l'église et la vivifiera : le mérite et non la faveur sera appelé à remplir les hautes fonctions du sacerdoce, et le spirituel, entièrement détaché du temporel, n'exercera plus que sa divine mission : la conversion des méchans, la direction morale des bons, et le salut de tous. Réclamons donc hautement, Peuple, réclamons la liberté absolue de conscience, et nous l'obtiendrons ; car tout est possible à la foi, et nous ne devons nous en prendre qu'à nous seuls si nos vœux restent sans résultat (1).

La pensée et la conscience tendent avec un effort continu vers la liberté, et les gouvernemens seront bientôt forcés de retirer les entraves dans lesquelles ils captivent la presse, l'instruction et le culte. Et c'est quand tout est en marche vers un avenir de liberté, pondérée par la seule liberté, que l'on prétend maintenir au milieu de nous des monopoles gothiques, restes d'un édifice politique où tout était fondé sur le privilége et la restriction ! Mais le simple bon sens révèle qu'il faut de l'uniformité dans les institutions, et que tout ce qui est inutile est nuisible. Les défenseurs du monopole des notaires, des agens de change, des avoués, des commissaires-priseurs, etc., prétendent que les cliens

(1) Voyez l'ébauche I.

trouvent dans ces corporations une sûreté qui n'existerait pas si ces professions étaient libres : malheureusement l'expérience dément tous les jours cette assertion, et le cautionnement offrirait des garanties tout aussi positives que le monopole, qui d'ailleurs crée des corps dangereux pour la liberté des autres citoyens. Quand il sera libre à tous de s'associer à volonté, les membres des susdites professions pourront alors s'associer comme ils l'entendront; mais dans l'état actuel de la société, le monopole qui leur est accordé n'est rien autre chose que le monstrueux abus de s'enrichir par spécialité; et le motif qui a porté le législateur à créer le monopole n'était pas d'assurer la fortune des cliens contre la mauvaise foi de leurs agens, mais de créer une féodalité bâtarde qui remplît les parties inférieures de la société. Or le système féodal étant tombé sans retour, si nous voulons construire solidement, il faut retrancher des institutions tout ce qui se rattache à ce qui n'a plus de vie ni d'expression dans le présent.

Nous avons rapidement parcouru toutes les parties de l'organisation sociale, excepté une seule : une noblesse est-elle nécessaire? Une noblesse féodale, c'est-à-dire ayant pouvoir sur l'homme, est un débris du passé qui ne peut être restauré; mais une noblesse titulaire, destinée à récompenser les services rendus au pays, me paraît utile en ce qu'elle enflamme les cœurs d'une vive émulation, et ne nuit à personne, puisqu'elle ne fait que reconnaître un fait. — Sera-t-elle héréditaire? — Oui. — Car sans cela elle ne serait pas recherchée et le législateur manquerait son but. D'ailleurs une noblesse titulaire ne rehausse pas dans l'opinion ceux qui la possèdent, s'ils se conduisent mal, au contraire, souvent elle les accable, tandis que l'on voit mille exemples de jeunes nobles qui s'efforcent d'illustrer le nom qu'ils ont reçu, et se dévouent pour atteindre ce but à d'utiles travaux.

Enfin, tous les intérêts qui ne sont pas satisfaits dans l'ordre social étant toujours en conspiration sourde contre lui, c'est une sagesse du législateur, puisqu'il existe en France une noblesse qui n'a jamais cessé de produire de grands citoyens, de la reconnaître légalement.

Ici, Peuple, il s'élève une grave question: qui créera de nouveaux nobles? — Le Roi. — Souvent, peut-on objecter, l'intrigue a usurpé ainsi la place du mérite, et des membres corrompus sont venus s'adjoindre à un corps qui ne devrait compter que des hommes sans reproche. Mais comme l'abus se glissera toujours parmi les actes humains, sachons supporter ce qu'aucune prévision ne peut empêcher, et servons-nous, pour assurer le bonheur des masses, d'une institution qui flatte la faiblesse vaniteuse du cœur de l'homme.

Laissons donc le Roi décerner la noblesse à ceux qui lui en paraîtront dignes, et créons des nobles de notre côté, avec une qualification qui conserve le souvenir des services rendus à la cause populaire. Que tout citoyen qui aura plusieurs fois mérité les suffrages des électeurs jouisse du droit d'ajouter à son nom un titre qui le constate, et que ce titre, transmis à ses enfans mâles, les excite à en mériter un nouveau qui augmentera l'illustration de leur famille (1). C'est ainsi, Peuple, que la société, rétablie sur sa base, reprendra glorieusement la marche que les orages des passions ont interrompue, au grand détriment du bonheur public.

Arrivés au terme de notre course, il ne nous reste plus qu'à nous retourner pour contempler l'espace que nous avons parcouru, et graver dans notre mémoire les points culminans de l'objet de nos investigations.

---

(1) Voyez l'ébauche K.

Les deux points vitaux de la constitution française sont : 1° l'hérédité du trône, de mâle en mâle, par ordre de primogéniture; cette hérédité est la source de toute richesse et de tout bonheur pour le pays ; 2° le droit, pour tout Français porté au rôle des contributions directes, de voter dans les assemblées primaires communales ; ce droit est la base et le rempart protecteur de toutes nos libertés.

C'est sur ce double pivot, l'hérédité du trône et l'assentiment de la nation à l'impôt, que doit se mouvoir notre gouvernement tout entier ; et pour agir dans les limites de l'antique constitution française, pour sortir enfin du chaos révolutionnaire, il faut que toutes les lois et les ordonnances se rapportent à cette constitution, si conforme à nos mœurs et si favorable aux vrais intérêts du pays : s'il en était autrement, il n'y aurait plus de constitution, c'est-à-dire de loi régulatrice et souveraine, et le gouvernement serait arbitraire.

Le joug dégradant de la centralisation, qui soumet à l'ilotisme tant de nobles cités et trente millions de Français, est à briser au plus tôt : c'est à la centralisation, cette perfide combinaison de la tyrannie, que sont dus toutes nos divisions, tous nos malheurs, toutes nos guerres civiles, tous nos impôts dévorans. Paris, l'infâme Paris, regorge d'or et de corruption, et les extrémités et le centre de la France sont desséchés et sans vie.

La main de fer du gouvernement se porte sur tout pour le détériorer. Témoin les grandes routes et les canaux, où les millions disparaissent avec profusion, sans que rien se termine.

O Peuple, tant que le gouvernement voudra se faire entrepreneur, et n'abandonnera pas à l'association libre les routes, les canaux et tous les travaux publics ; tant qu'il y aura des ingénieurs de l'État, intéressés à faire traîner tout en longueur, l'or coulera vainement à flots dans les coffres du Trésor, rien n'avancera, et le chancre des abus ne fera que s'accroître de plus en plus.

Tant que le recrutement forcé remplira les cadres de l'armée, l'on n'aura que des soldats qui soupireront après le clocher de leur village, que des officiers prêts à trahir leur serment à la moindre lueur d'avancement.

Tant que les provinces ne recouvreront pas leurs antiques franchises, un malaise profond travaillera l'État, car il est impossible que des millions d'hommes vivent heureux dans un pays où ils ne sont rien, et où une poignée d'insolens commis entravent toutes les affaires par leur inconcevable paresse.

Tant que la responsabilité des agens ministériels ne sera pas une réalité, la loi ne sera vivante que pour l'intrigue et la faveur, et elle sera morte pour le pauvre et pour l'opprimé (1).

Tant que la liberté de la presse, la liberté de l'instruction, la liberté des cultes ne seront pas accordées sans arrière-pensée, sans exception, sans crainte de retour à l'arbitraire, une défiance affreuse rongera tous les cœurs et paralysera toutes les forces du gouvernement.

Tant que les avocats et les avoués formeront corps, la justice deviendra inaccessible au pauvre, et une lèpre affreuse couvrira la société.

Tant que les marchés de l'État ne seront pas tous passés aux adjudications publiques, la faveur et l'intrigue puiseront à pleines mains dans la bourse des contribuables.

---

(1) Voir l'ébauche L.

Tant qu'il y aura des députés nommés par les électeurs du monopole, il n'y aura ni gloire, ni grandeur, ni prospérité pour la France : tout sera mesquin, dispendieux, sans résultat, et indigne d'une grande nation.

C'est sur la liberté, ou la civilisation ascendante, que nos institutions, nos lois, nos réglemens doivent être basés. Tant qu'il manquera une partie de l'édifice constitutionnel, il n'y aura pas de prospérité pour le pays.

Que ce grand mot de liberté descende donc, comme un torrent, des sommets des Alpes et des Pyrénées ; qu'il s'élève des landes de la Bretagne et des plaines de la Flandre.

Mais la liberté que j'invoque n'est pas celle que l'on vit, il y a quarante ans, une hache à la main, se rassasier de carnage, de rapine et de luxure : c'est la fille du ciel ; c'est la sainte équité ; c'est la protectrice de tous les droits acquis ; c'est la mère du pauvre ; l'alliée de l'industrie ; l'amie des sciences et des arts ; la gardienne des mœurs ; le palladium de l'indépendance du pays.

Que tous les hommes honnêtes se réunissent donc à nous, ô Peuple, pour triompher des factions, et ajouter un nouveau fleuron à la couronne de gloire de notre immortelle patrie.

ÉBAUCHES.

Le titre de cette partie de cet ouvrage indique suffisamment la pensée de l'auteur. Ce n'est plus en traits rapides qu'il s'adresse au Peuple; c'est à la conscience qu'il parle, dans le silence des passions. Ce n'est plus la société dans toute sa splendeur qu'il peint, c'est l'organisation de cette société qu'il esquisse. Pour que ce travail atteignît la perfection dont il est susceptible, il faudrait que des hommes spéciaux revisassent avec soin toutes les parties de cette conception, et que, du sommet du pouvoir, une tête pensante coordonnât le tout et le jetât au moule.

ÉBAUCHE A.

PROJET DE LOI POUR LES ÉLECTIONS COMMUNALES.

TITRE I.

Des électeurs communaux.

Article premier. Tout Français, âgé de vingt-cinq ans, jouissant des droits civils et porté au rôle des contributions directes pour une somme quelconque, a le droit de voter, dans les élections communales, pour la nomination des conseillers communaux.

Art. 2. Tout étranger qui a obtenu de grandes lettres de naturalisation jouit des mêmes droits que les Français de naissance.

Art. 3. Tout Français, ou étranger naturalisé, peut voter dans les élections communales, soit dans la commune où il a son domicile réel et politique, soit dans tout autre, où il est imposé au rôle des contributions directes et où il lui plaît d'élire son domicile politique, pourvu qu'il se soit fait porter, en temps utile, sur les listes électorales qui seront publiées chaque année.

TITRE II.

Des listes des électeurs communaux.

Art. 4. Les listes des électeurs communaux sont rectifiées tous les ans à partir du 1er décembre, et affichées le 1er janvier suivant, par les soins du maire, dans la teneur qu'elles conservent toute l'année, sauf le recours devant le tribunal compétent.

TITRE III.

Du mode d'élection.

Art. 5. Lors de la tenue des élections communales, les électeurs se rassemblent à la mairie.

Le plus âgé des membres de l'assemblée est de droit président provisoire, les deux plus âgés ensuite sont scrutateurs, et le plus jeune secrétaire, s'ils savent lire et écrire (1).

Le bureau définitif est nommé à la majorité absolue des suffrages des membres votans.

En cas de ballottage, après le second tour de scrutin, les deux candidats qui ont obtenu le plus de suffrages sont seuls portés au troisième tour; et, s'il y a égalité de voix, le plus âgé l'emporte.

Les votes sont donnés publiquement ou secrètement, à la volonté de l'électeur.

---

(1) S'ils ne savent ni lire ni écrire, ceux qui les suivent dans l'ordre d'âge les remplacent et ainsi de suite. Il est à peu près certain que si cette loi était en vigueur, elle propagerait rapidement l'instruction primaire.

Ceux qui ne savent ni lire ni écrire votent à haute voix, et le bureau est tenu d'enregistrer leur vote (1).

Art. 6. En cas de refus d'inscription ou de toute autre contestation relative aux droits des électeurs, le tribunal de première instance du ressort juge le différend par voie d'urgence, sur mémoire et sans frais.

Sa décision est sans appel, sauf le recours en cassation.

Art. 7. Tout électeur communal a le droit de requérir l'inscription ou la radiation de ceux qui ont été omis ou inscrits indûment.

TITRE IV.

Des conseillers communaux et de leurs attributions.

Art. 8. Le nombre des conseillers communaux est de dix dans les communes de cinq cents ames et au-dessous ; il s'augmente ensuite d'un par cent électeurs inscrits jusqu'à trente ; d'un par cinq cents électeurs jusqu'à cinquante ; et enfin d'un par mille électeurs, quel que soit le nombre où cela porte les conseillers communaux.

Art. 9. Les trois quarts des conseillers communaux doivent être choisis parmi les citoyens ayant leur domicile réel dans la commune.

En cas de fraction, la commune emportera toujours l'unité.

Art. 10. Si un ou plusieurs membres du conseil commu-

(1) Il faut que ceux qui ne savent ni lire ni écrire votent à haute voix, parce que sans cela ils sont exposés à être trompés par l'électeur qui écrit leur bulletin : cette fraude a eu lieu trop souvent pour ne pas y apporter un invincible obstacle.

nal viennent à décéder ou à donner leur démission, il est procédé dans les trois mois à leur remplacement.

Art. 11. Les membres des conseils communaux sont élus pour cinq ans.

Ils sont rééligibles.

Art. 12. Les conseillers communaux s'assemblent tous les trois mois pour travailler aux affaires de la commune.

Leur session dure trois jours.

Art. 13. Les conseillers communaux administrent les biens de la commune, tant activement que passivement, par le moyen d'un administrateur qu'ils choisissent *ad hoc* dans leur sein, à la majorité absolue des suffrages; ils peuvent acquérir pour la commune, échanger ses possessions contre d'autres, après une expertise et un acte de *commodo* et d'*incommodo*, recevoir des legs et ester en justice pour elle, comme s'ils étaient mandataires d'un être vivant; mais ils ne peuvent emprunter en hypothéquant les biens de la commune ni les aliéner sans une *loi provinciale*.

En cas d'opposition d'un ou de plusieurs habitans de la commune, après un acte *de commodo* et *incommodo*, la contestation est tranchée par une *loi provinciale*.

TITRE V.

Des incapacités qui empêchent d'être membre du conseil communal et électeur.

Art. 14. Nul ne peut être membre d'un conseil communal s'il ne sait lire et écrire.

Art. 15. Quiconque se trouve compris dans les catégories de l'art. 28 du Code pénal, quiconque est banqueroutier, stellionnataire ou a évité une peine quelconque par la prescription, ne peut figurer sur la liste des électeurs communaux.

TITRE VI.

Des maires, des adjoints et de leurs fonctions.

Art. 16. Le Roi choisit les maires et les adjoints parmi les membres du conseil communal et peut les révoquer à volonté.

Art. 17. La durée des fonctions des maires et des adjoints (1) égale la durée des pouvoirs des conseillers communaux ; cependant les maires et les adjoints restent en fonction jusqu'à ce que les conseillers élus soient installés.

Les maires et les adjoints peuvent être renommés.

Art. 18. Le maire est président-né du conseil communal.

Il prépare les affaires et les soumet à la délibération.

En cas de partage des voix, la sienne est prépondérante.

En cas d'absence du maire, la présidence est dévolue de droit à l'adjoint, quand il n'y en a qu'un, et au premier adjoint quand il y en a plusieurs.

Art. 19. Le nombre des adjoints est de un pour les communes de cinq cents ames et au-dessous, et d'un de plus par cinq conseillers communaux dépassant le *minimum* fixé à l'art. 8, jusqu'au nombre six inclusivement, qui ne pourra jamais être dépassé.

---

(1) Il serait convenable, si jamais une loi pareille à celle-ci était promulguée, de partager la France en plusieurs circonscriptions, afin que le renouvellement des conseils n'eût pas lieu partout le même jour : si le pays était divisé en douze arrondissemens électoraux, le renouvellement intégral aurait lieu dans l'année, et il n'y aurait pas de commotions à craindre.

ÉBAUCHE B.

RESTAURATION DES PROVINCES.

Le but de tout bon gouvernement devant être de répandre l'aisance dans le pays, je crois qu'un des meilleurs moyens d'arriver à ce résultat est de placer les établissemens de l'ordre civil, judiciaire et militaire, dans des localités différentes, afin qu'une ville ne réunisse pas à elle seule toutes les sources de prospérité.

En cas de contestation entre deux villes, pour la possession d'un établissement d'administration publique, il me semble que celle qui est la moins commerçante doit être préférée.

Abandonnant donc la division de la France par départemens exclusivement, division arbitraire qui n'a pu se graver dans les esprits, et réunissant quelques-unes des anciennes provinces peu importantes, j'ai partagé la France en vingt-trois provinces-intendances de terre ferme, et une province-intendance d'outre mer, savoir : sept au nord, sept au milieu, et neuf au midi.

Provinces du Nord.

La Flandre et l'Artois.
La Picardie.

La Normandie.
L'Ile de France.
La Champagne.
La Lorraine et le Barrois.
L'Alsace.

Provinces du milieu.

La Bretagne.
Le Poitou et l'Aunis.
Le Maine, le Perche et l'Anjou.
La Touraine et l'Orléanais.
Le Berry, le Nivernais et le Bourbonnais.
La Bourgogne.
La Franche-Comté.

Provinces du midi.

La Saintonge et l'Angoumois.
La Marche et le Limousin.
L'Auvergne.
Le Lyonnais.
Le Dauphiné.
La Provence et le Comtat.
Le Languedoc.
La Guyenne.
La Navarre, le Béarn, le Comté de Foix,
Le Roussillon et la partie de la Guyenne qui les sépare.

Province d'outre mer.

La Corse.

ADMINISTRATION DES PROVINCES.

Chaque province-intendance est régie, au nom du Roi, par un intendant.

Chaque province-intendance forme un gouvernement militaire.

Chaque province-intendance comprend le ressort d'une Cour royale.

SUBDIVISION DES PROVINCES.

Ordre civil.

Chaque province-intendance est subdivisée en autant de préfectures qu'il y en a maintenant dans le territoire qu'elle comprend (1);

Chaque préfecture en autant de sous-préfectures qu'elle en compte actuellement;

Chaque sous-préfecture en autant de cantons que ceux existans;

Chaque canton en autant de mairies qu'il y a de communes dans le canton.

Ordre militaire.

Chaque gouvernement militaire est régi par un maréchal de France, ou par un lieutenant-général.

Chaque gouvernemens militaire est subdivisé en deux ou trois sous-gouvernemens, qui sont régis par des lieutenans-généraux et des maréchaux-de-camp.

---

(1) Il y aurait de légères rectifications à faire dans les limites de plusieurs départemens, parce que des parties de différentes provinces forment maintenant quelques portions de plusieurs départemens, mais ce serait peu de chose.

Ordre judiciaire.

Le ressort de chaque Cour royale comprend autant de tribunaux de première instance qu'il y a de sous-préfectures, autant de justices de paix qu'il y a des cantons dans la province.

Des couleurs.

Chaque province reprend ses anciennes armoieries et ses anciennes couleurs.

Les provinces réunies briseront leur écu (1).

CHEFS-LIEUX.

L'établissement des chefs-lieux étant de la plus grande importance pour l'aisance et la richesse des masses, j'ai cru devoir composer un tableau des villes qui m'ont paru devoir être préférées à cet égard ; je ne doute pas que l'on ne trouve à redire dans les choix que j'ai faits, et je ne prétends point m'y opposer. J'ai voulu seulement indiquer un genre d'amélioration que je crois nécessaire pour la prospérité du pays. Ainsi j'ai placé toutes les administrations en Corse à Corte, afin que la civilisation pût s'étendre du centre à la circonférence, tandis que maintenant la côte seule est civilisée et l'intérieur est sauvage.

Une objection m'a été faite : on a prétendu qu'il était nécessaire que tous les chefs fussent réunis dans la même ville,

---

(1) Des jeunes gens s'imagineront peut-être voir un débris de féodalité dans l'article ci-dessus : ils se tromperont. Il faut un signe, un emblème pour distinguer les villes, les peuples : la Suisse démocratique n'a point répudié ses couleurs ; et elle a eu raison, car il lui aurait fallu en prendre de nouvelles.

dans chaque province, parce que souvent ils ont besoin de se concerter sur les mesures à prendre. A cela j'ai répondu que pour le siége de la Cour royale (1), la nécessité n'existait nullement; qu'il ne restait donc que l'autorité supérieure militaire et l'autorité supérieure administrative, pour lesquelles on pouvait invoquer ce besoin ou cette nécessité; mais que l'autorité administrative ayant toujours, dans la ville de sa résidence, une subdivision militaire, la force ne lui manquerait pas pour appuyer son droit, dans le cas où elle la réclamerait.

Enfin l'exclusion de villes de commerce du nombre des chefs-lieux de résidence, que j'ai indiquée comme me paraissant une justice, a soulevé d'autres objections. On a prétendu que plus une ville est commerçante, et plus il y a d'individu qui y ont affaire, et par conséquent qu'il faudrait y rassemblers outes les administrations pour la commodité des administrés.

De ce raisonnement j'ai tiré l'aphorisme suivant :

Plus un être est riche et plus on doit l'enrichir;

Mais comme je crois celui-ci plus vrai :

L'intérêt général doit toujours l'emporter sur l'intérêt particulier;

J'ai persisté, à tort ou à raison, dans ma première idée.

---

(1) En Flandre, la Cour royale est à Douai, et la préfecture et le gouvernement militaire sont à Lille; en Alsace, la Cour royale est à Colmar, et la préfecture et le gouvernement militaire sont à Strasbourg, et je ne crois pas qu'il y ait aucun inconvénient pour le service de l'État.

	CHEFS-LIEUX		
	des intendances.	des cours royales	des gouvernemens militaires.
Flandre et Artois......	Arras.....	Douai.......	Lille.
Picardie.............	Abbeville .	Amiens......	Péronne.
Normandie...........	Caen.....	Caen.........	Evreux
Ile-de-France.........	Versailles .	Paris.........	Soissons.
Champagne..........	Troyes...	Châlons.....	Reims.
Lorraine et Barrois...	Lunéville .	Nancy.......	Metz.
Alsace...............	Schelestadt	Colmar......	Strasbourg.
Bretagne.............	Pontivy...	Rennes......	Quimper.
Poitou, Aunis........	Niort.....	Poitiers......	Bourbon.
Maine, Perche, Anjou..	La Flèche.	Angers......	Le Mans.
Touraine, Orléanais...	Tours....	Blois........	Orléans.
Berry, Nivernais, Bourbonnais............	Nevers...	Bourges.....	Moulins.
Bourgogne...........	Châlons...	Dijon.......	Dijon.
Franche-Comté.......	Besançon .	Besançon....	Besançon.
Saintonge, Aunis......	Saintes...	Saintes......	Angoulême.
Marche, Limousin.....	Limoges..	Limoges.....	Gueret.
Auvergne............	Issoire....	Riom.......	Clermont.
Lyonnais.............	Tarare...	Lyon.......	Lyon.
Dauphiné............	Valence...	Valence......	Grenoble.
Provence et Comtat....	Aix......	Aix.........	Grasse.
Languedoc (1)........	Nîmes....	Carcassonne.. / Alais........	Toulouse.
Guyenne (2)..........	Agen.....	Cahors...... / Lectoure.....	Mont-de-Marsan.
Navarre, Béarn, Foix, Roussillon, partie de Guyenne...........	Foix.....	Pau.........	Perpignan.
Corse...............	Corte...	Corte.......	Corte.

(1) Cour royale en deux sections.

(2) Cour royale en deux sections.

ÉBAUCHE C.

PROJET DE LOI CONSTITUTIF DES ÉTATS PROVINCIAUX.

TITRE I.

Des Chambres des États.

ARTICLE 1er. Chaque province-intendance a deux Chambres délibérantes.

L'une s'appelle Chambre des pairs de (1) . . . . l'autre Chambre des députés des cantons de . . . .

TITRE II.

Des Chambres des pairs des provinces.

ART. 2. Les pairs sont nommés par le Roi, qui varie à son gré les titres (2) d'apres lesquels ils se distribuent pour la préséance, le titre le plus ancien ayant toujours la préséance en cas d'égalité de titre : le nombre des pairs est illimité; les pairies sont héréditaires et viagères; les pairs ont voix délibérative à vingt-cinq ans.

(1) Le nom de la province remplira ce blanc.

(2) Leurs titres sont ceux usités dans la hiérarchie féodale. Ces titres ne servant plus que de signe, et ne donnant aucun pouvoir réel, il faut autant les employer que d'en inventer d'autres.

Les pairs sont tenus d'avoir leur domicile politique dans la province à la Chambre des pairs de laquelle leur pairie est attachée.

TITRE III.

Des Chambres des députés des cantons et du mode de leur élection.

Art. 3. Les Chambres des députés des cantons comptent autant de membres qu'il y a de cantons dans les provinces.

Art. 4. Les membres des Chambres des cantons sont élus par tous les conseillers communaux réunis en assemblée électorale au chef-lieu de chaque canton.

Art. 5. Les formes à observer pour la nomination des présidens, des scrutateurs et des secrétaires, dans les assemblées électorales pour la nomination des députés des cantons, sont les mêmes que celles observées dans les assemblées électorales pour la nomination des conseillers communaux.

Art. 6. Les députés des cantons sont choisis parmi les électeurs ayant leur domicile réel dans la province; cependant toutes les trois élections, un tiers des cantons a la faculté de choisir un étranger à la province, pourvu qu'il soit électeur communal.

A l'effet de l'élection facultative des étrangers, les cantons de la province sont partagés en trois séries égales, si le nombre des cantons le permet, qui prennent numéro entre elles, la première fois, par la voie du sort.

Les députés des cantons sont rééligibles.

Art. 7. La durée des fonctions des députés des cantons est de cinq ans, sauf le droit éventuel de dissolution laissé à la couronne par localité et par généralité.

En cas de dissolution les états sont convoqués de nouveau dans un mois.

TITRE IV.

Des attributions des Chambres des États.

Art. 8. Les Chambres votent des fonds pour l'entretien des routes, des ponts, des canaux, des monumens publics et d'art, et généralement pour tous les besoins de la province quels qu'ils soient ;

Elles font des réglemens particuliers, ou lois provinciales, sans pouvoir cependant déroger aux lois générales du royaume ;

Elles tranchent par une loi provinciale les différends qui s'élèvent entre les communes ;

Elles se font rendre compte chaque année de l'emploi des sommes qu'elles ont votées (1).

TITRE V.

Des obligations des membres des Chambres des États.

Art. 9. Les membres des Chambres des pairs et des Chambres des cantons ne reçoivent aucune indemnité, sous quelque prétexte que ce soit, pour les fonctions politiques qu'ils remplissent.

Art. 10. Tout député des cantons qui accepte une place salariée est soumis à la réélection.

---

(1) L'intendant défendrait ses actes, présenterait des réglemens à la sanction des Chambres comme le président du conseil des ministres : il présenterait également à la sanction du Roi les projets des états.

TITRE VI.

Des présidens, des secrétaires et des questeurs.

Art. 11. Les Chambres des pairs et des cantons suivent pour leur organisation les formes usitées dans les assemblées électorales communales.

Elles s'avertissent par un message réciproque de leur définitive organisation.

TITRE VII.

De la tenue des états.

Art. 12. Au Roi appartient de déterminer le jour d'ouverture et le jour de clôture des états.

Leur session ne peut durer plus d'un mois.

Le roi peut convoquer des états extraordinaires.

TITRE VIII.

De l'initiative.

Art. 13. L'initiative appartient au Roi, aux Chambres des pairs et aux Chambres des députés des cantons.

TITRE IX.

Du siége des états provinciaux.

Art. 14. Les états provinciaux sont toujours assemblés dans la ville capitale de la province.

Dans les provinces réunies, ils siégent alternativement dans chaque capitale.

ÉBAUCHE D.

PROJET DE LOI CONSTITUTIF DES ÉTATS-GÉNÉRAUX.

TITRE I.

Des États-Généraux du royaume.

ARTICLE 1. Les États-Généraux du royaume sont partagés en deux Chambres.

L'une s'appelle Chambre des pairs de France, l'autre Chambre des députés des provinces.

TITRE II.

Du mode d'élection de la Chambre des pairs de France et de la Chambre des députés des provinces.

ART. 2. Les membres de la Chambre des pairs de France sont élus par les membres des Chambres des pairs des provinces, et sont pris dans le sein desdites Chambres, dans la proportion d'un sur dix.

ART. 3. Les membres de la Chambre des députés des provinces sont élus par les membres des Chambres des députés des cantons, et sont pris dans le sein desdites Chambres, dans la proportion d'un sur cinq.

Art. 4. Les membres de la Chambre des pairs de France, et les membres de la Chambre des députés des provinces, sont élus pour cinq ans, sauf le droit éventuel de dissolution laissé à la couronne.

En cas de dissolution, les États-Généraux sont convoqués de nouveau dans les trois mois.

TITRE III.

Des attributions des Chambres des États-Généraux.

Art. 5. Les Chambres des États-Généraux ne s'occupent que d'intérêts généraux;

Elles tranchent, par une loi, les différends qui pourraient s'élever entre les provinces;

Elles votent les sommes nécessaires aux besoins généraux de l'État, et se font rendre compte, chaque année, de l'emploi qui en a été fait.

Art. 6. La Chambre des députés des provinces a le droit d'accuser les Ministres et de les traduire devant la Chambre des pairs de France, qui seule a le droit de les juger.

Les ministres ne peuvent être accusés que de trahison et de concussion.

TITRE IV.

Des obligations des membres de la Chambre des pairs de France et de la Chambre des députés des provinces.

Art. 7. Les membres de la Chambre des pairs de France et de la Chambre des députés des provinces ne reçoivent aucune indemnité, sous quelque prétexte que ce soit, pour les fonctions politiques qu'ils remplissent.

Art. 8. Tout membre de la Chambre des députés des provinces qui accepte une place salariée est soumis à la réélection.

TITRE V.

Des présidens, des secrétaires et des questeurs.

Art. 9. La Chambre des pairs de France et la Chambre des députés des provinces suivent pour leur organisation les formes usitées dans les assemblées électorales communales.

Elles s'avertissent par un message réciproque de leur définitive organisation.

TITRE VI.

De la tenue des États-Généraux.

Art. 10. Au Roi appartient de déterminer le jour d'ouverture des États-Généraux ;

Ils ne peuvent cependant avoir lieu qu'un mois au moins après la clôture des états provinciaux ;

Leur session ne peut durer plus de trois mois :

Le Roi peut convoquer des États-Généraux extraordinaires.

TITRE VII.

De l'initiative.

Art. 11. L'initiative appartient au Roi, à la Chambre des pairs et à la Chambre des députés des provinces.

TITRE VIII.

Du siége des États-Généraux.

Art. 12. Les États-Généraux sont toujours assemblés dans la ville chef-lieu du gouvernement.

EBAUCHE E.

PROJET DE LOI SUR LES ASSOCIATIONS.

TITRE I.

Des associations sans co-habitation.

Article 1er. Il est permis à tous individus de l'un et de l'autre sexe de s'associer, soit pour défendre des droits acquis, soit pour en acquérir, soit pour vivre en commun.

Art. 2. Tous individus qui veulent s'associer doivent, au préalable, dresser, par devant notaire, un acte d'association énonçant le but de l'association, les obligations de chacun des contractans, leurs noms et prénoms, ainsi que l'espace de temps assigné à l'association; et en déposer copie authentique, dans le délai de dix jours, au parquet de la Cour royale du ressort, ainsi qu'au secrétariat de l'intendance de la province.

Art. 3. Dans les trois mois qui suivent ledit dépôt, le procureur-général près de la Cour royale du ressort, et l'intendant de la province, peuvent traduire devant la Cour royale, toutes les Chambres assemblées, les signataires de l'acte d'association, et demander l'annulation d'icelui, dans le cas où il leur semblerait immoral, et directement ou indirectement contraire aux intérêts de l'État (1).

ART. 4. Si dans les trois mois qui suivent le dépôt de la copie de l'acte d'association au parquet de la Cour royale du ressort, et au secrétariat de l'intendance, le procureur général ou l'intendant n'ont élevé aucune réclamation, l'association existe légalement.

ART. 5. Le procureur général de la Cour royale dans le ressort de laquelle existe une association, et l'intendant de la province, ont toujours le droit de traduire devant ladite Cour royale, toutes les Chambres assemblées, les signataires de l'acte d'association, et de demander l'annulation d'icelui, s'ils s'aperçoivent que les susdits signataires faussent l'esprit, ou violent la lettre de leur acte d'association.

TITRE II.

Des associations avec co-habitation.

ART. 6. Si l'acte d'association énonce que les signataires ont l'intention de demeurer ensemble, ils doivent tous être du même sexe (2).

ART. 7. Si l'acte d'association énonce que les contractans veulent demeurer ensemble, mettre leurs biens en commun, et que l'association ne durera que la vie des contractans, ils peuvent posséder en commun tous les biens dont ils jouissent

---

(1) Si le jugement de la Cour royale déclare mal fondées les objections du procureur général et de l'intendant, l'association acquiert une existence légale.

(2) Si cependant les membres de l'association étaient tous mariés, ils pourraient habiter en commun; mais la mort d'un époux forcerait le survivant à quitter l'association.

au moment où l'acte d'association est contracté; et les héritiers des contractans ne sont aptes à faire valoir leurs droits qu'au décès du dernier de tous, lequel jouit sa vie durant de tous les biens de l'association.

Art. 8. Si l'acte d'association énonce que les contractans veulent demeurer ensemble, mettre leurs biens en commun, et former une association perpétuelle, ils ne peuvent posséder, en immeubles, que les bâtimens, cours et jardins du lieu de leur habitation, et cent hectares de terrain.

Art. 9. Les biens des associations perpétuelles sont assujéttis au double de l'impôt foncier ordinaire, pour indemniser l'État de la perte résultant pour lui de la non-mutation soit par vente soit par décès.

TITRE III.

De la peine à porter contre les infracteurs de la loi ci-dessus.

Art. 10. Tous individus quelconques qui s'associeront, dans quelque but que ce soit, sans remplir les formalités prescrites par les articles ci-dessus, pourront être traduits par le procureur général de la Cour royale du ressort, ou par l'intendant, devant la Cour royale, toutes les Chambres assemblées; et le fait dûment constaté, ils seront condamnés au bannissement à perpétuité.

ÉBAUCHE F.

DES IMPOTS.

Les auteurs qui ont traité de l'économie politique depuis un siècle s'accordent presque tous à estimer la richesse des nations par le chiffre de l'impôt : si l'on croit qu'une nation est riche, parce que le pauvre prend sur ses besoins pour verser au trésor de l'État, ils raisonnent juste ; mais si l'on pense que la vraie richesse d'un empire consiste dans l'aisance des classes inférieures, ils tombent dans l'erreur la plus grossière. L'expérience nous démontre en effet que plus les budgets sont élevés, et plus les denrées sont chères, d'où il suit que l'argent a moins de valeur réelle ; par conséquent son abondance n'est plus un signe certain de richesse, et les peuples s'appauvrissent par l'énormité de l'impôt et par le haut prix des choses nécessaires.

Enfin la corruption qui existe toujours dans les vieux empires accroît sans cesse les dépenses, et contraint les gouvernans à recourir aux mesures les plus injustes pour se procurer de nouveaux impôts. C'est ainsi que le fisc en est venu jusqu'à *imposer l'air respirable, comme si vivre était un droit accordé par les gouvernemens!*

L'on impose dans les villes toutes les denrées nécessaires à la subsistance et aux besoins des habitans. Infâme impôt qui force le pauvre à restreindre son appétit et à se priver des choses les plus nécessaires à sa santé. Les productions des campagnes, ayant déjà payé par l'impôt foncier, doivent circuler librement dans l'intérieur du pays, ou ne payer qu'un droit léger si la nécessité contraint de les y assujétir.

Tout gouvernement qui voudra faire autant que possible le bonheur de la France doit donc commencer par alléger graduellement les droits sur les boissons (1), le sel et les portes et fenêtres, et favoriser l'exportation des produits agricoles.

Mais, s'écrient les financiers, il faut que l'État fasse honneur à ses engagemens ; il faut payer l'intérêt de la dette, solder l'armée, entretenir la flotte, réparer les routes, etc., d'où il suit qu'un peuple qui a eu des gouvernans dissipateurs doit gémir à tout jamais sous le poids d'énormes impôts ; et que l'Angleterre, courbée sous vingt milliards d'emprunts, la France et les autres États de l'Europe, plus ou moins chargés de dettes, ne verront jamais de jours meilleurs. Mais que les gouvernans ne s'y trompent pas, s'ils ne travaillent point à faire des économies et à soulager la misère du grand nombre, le volcan populaire fera de nouveau irruption et détruira tout ce qu'il rencontrera sur son passage. Les deux grands besoins du siècle sont : liberté ! économie ! Il faut les satisfaire, car ils sont justes, ou s'attendre à de nouveaux renversemens.

La restauration des provinces aura le salutaire effet de faire dépenser l'argent provenu de l'impôt dans le lieu même qui l'aura produit, et de vivifier ainsi le pays.

---

(1) Il est cependant juste de dire que les impôts indirects sont ceux qui se perçoivent le plus facilement, parce qu'ils sont déguisés et confondus dans le prix de la denrée : aussi, quand la nécessité y contraint, sont-ils une importante ressource pour l'État ; mais par cela même il ne doit y recourir qu'avec modération : la politique et l'humanité lui en font un devoir.

Le denier du pauvre Béarnais, du pauvre Provençal, ne viendra plus alimenter le luxe de la danseuse ou de la chanteuse de l'Opéra. Paris, qui profite seul de ses théâtres, les soutiendra comme bon lui semblera, et les provinces se feront des routes, des ponts et des monumens, avec l'or prodigué à des futilités.

La liberté de l'instruction amènera la suppression du ministère de l'instruction publique, et par suite l'économie de ce qu'il coûte.

La liberté des cultes conduira à l'abolition du ministère des cultes, et conséquemment des dépenses qu'il occasionne.

Dans un État fondé sur la liberté, la liberté doit être partout vivante.

On ne doit plus voir d'académies soldées dont les fauteuils endorment le talent, et sont plus accessibles à l'intrigue qu'au vrai mérite.

On ne doit plus compter d'écoles où le gouvernement instruit gratuitement, par faveur, parce qu'après avoir élevé une multitude de jeunes gens sans fortune, il faut les placer et créer ainsi une foule d'emplois qui forcent d'écraser le peuple d'impôts.

Que le gouvernement laisse étudier comme l'on voudra : pourvu que, le jour de l'examen, le postulant réponde bien aux questions du programme et justifie de sa capacité, qu'importe à l'État comment il s'est instruit?

Toutes ces institutions n'ont été fondées par le gouvernement que pour lui servir de chaînes politiques, mais comme ces chaînes ne se forgent qu'avec de l'or, et que l'or est produit par l'impôt, le pauvre ne peut espérer de soulagement que par l'abrogation de tous ces gothiques établissemens.

Mais s'il est juste de faire baisser de prix, par la diminution de l'impôt d'entrée dans les villes, les denrées nécessaires à la nourriture du pauvre, il est parfaitement équitable de taxer le luxe et la sensualité, et d'en tirer ainsi les sommes nécessaires pour subvenir à l'entretien du pavage, de l'éclairage des villes, au paiement des travaux d'utilité publique et aux besoins des hospices, quand leurs revenus ne sont pas suffisans.

Les cafés, les billards, les restaurans, les cabarets, où le plus grand nombre ne va que pour satisfaire sa sensualité, me paraissent susceptibles d'une forte taxe, ainsi que les denrées qui ne sont pas de nécessité.

Les chapeaux, les habits d'une forme déterminée, les bottes, les chevaux de luxe, les voitures suspendues, pourraient aussi être imposés, et cette taxe volontaire, consentie par la vanité, produirait des sommes assez considérables pour que l'État en fît un impôt général (1).

Enfin le but de tout bon gouvernement doit être de rendre l'impôt le moins onéreux possible aux masses, et le meilleur moyen d'arriver à ce résultat est de localiser une partie du produit des taxes : c'est une chose prouvée par l'histoire, que les peuples supportent facilement les charges publiques quand ils voient un bon usage des sommes qu'ils ont payées ; mais avec la centralisation les contribuables paient toujours, sans pouvoir juger de l'emploi de leur argent.

Une des rêveries des révolutionnaires est un impôt progressif qui frapperait le riche, comme riche ; de sorte que ce ne serait plus la chose possédée que l'on imposerait, mais le possesseur. Exemple : l'homme qui jouirait de 1000 fr. de revenu en terre paierait 100 fr. d'impôt, et celui qui au-

(1) Un pareil impôt n'est raisonnable que dans les cas de détresse publique ; car dans les temps de prospérité, moins on enlève aux individus et plus le commerce va bien.

rait 50,000 fr. paierait 30,000 fr. au lieu de 5,000 fr., suivant la première proportion. Ce mode d'impôt ne serait rien autre chose que la féodalité retournée. Le riche serait inféodé au profit de l'État. Mais outre que cet impôt ne rapporterait presque rien, puisque la plus grosse partie des contributions est acquittée par la majorité qui est pauvre, il est impossible à réaliser dans un pays où la propriété est libre. J'achète aujourd'hui 1000 fr. de revenu en terre, demain j'augmente mon domaine d'un champ, après-demain d'un autre : il faut donc accroître mon impôt, à chaque achat, d'une manière arbitraire, car les agens du fisc ne pourront avoir de règle certaine.

Enfin le riche propriétaire qui vendrait une terre de 50,000 fr. de revenu, en vingt lots, obligerait l'État à baisser de suite l'impôt dans cette localité ; et comme de pareilles ventes sont journalières, il n'y aurait rien de fixe dans les revenus publics : tout serait livré à l'arbitraire, à l'intrigue, à la corruption. Une telle loi ne serait applicable que sur des majorats, parce que, ne pouvant être vendus ni partagés, le gouvernement y puiserait un revenu certain ; mais c'est revenir à la féodalité en la retournant.

Nous sommes maintenant dans la position d'enfans qui héritent d'un père prodigue : les derniers gouvernemens ayant laissé de lourdes charges, il faut, pour conserver notre crédit, les acquitter et remettre les théories au fond du porte feuille. L'économie seule peut nous tirer d'affaire ; et dans un pays aussi riche que la France, dix ans d'une bonne administration cicatriseront toutes les plaies.

Les révolutionnaires ont encore une autre théorie en tête, c'est de rejeter tout le fardeau de l'impôt sur les propriétaires : ils ne réfléchissent donc pas que, au moment du danger de la patrie, l'industrie s'éteint, ne rapporte plus rien au trésor public, et que c'est la propriété qui fait face à toutes les dépenses? si donc elle est écrasée en temps de paix, en temps de guerre elle ne pourra plus faire d'efforts, et l'État sera perdu.

ÉBAUCHE G.

RECRUTEMENT.

Forcer le pauvre à se faire tuer pour défendre le mode de gouvernement qui régit la terre où il est né, pour conserver au riche ses propriétés, pour servir l'ambition d'un roi, d'un ministre ou d'un général, est la tyrannie la plus dure et la plus sanguinaire que l'homme ait pu imposer à l'homme.

Chez les peuples du Nord, que Rome amollie voulut flétrir du nom de barbares, l'honneur d'être soldat enflammait le cœur de tous les jeunes hommes, et le drapeau était toujours entouré de nombreux combattans.

La guerre plaît à l'immense majorité de la jeunesse, et les hommes hasarderont toujours volontiers leur vie lorsque l'État leur assurera un sort médiocre dans la société ; mais par une suite de l'esprit d'égoïsme qui a envahi les temps modernes, la profession la plus dangereuse pour celui qui l'exerce, et en même temps la plus utile à la société, est si peu rétribuée que dans sa vieillesse le soldat est exposé à mourir de faim ; et lorsqu'il est plein de vigueur et de courage, il voit le frileux commis de dernière classe mieux payé que lui, et assuré d'une retraite pour ses vieux jours, ce qui ne peut que le décourager.

C'est pour obvier à cette injustice que j'ai conçu l'ébauche suivante.

DE L'ARMÉE DE TERRE.

Recrutement.

ART. 1er. La conscription, ou recrutement forcé annuel, est abolie à tout jamais, et ne pourra être rétablie sous aucun prétexte que ce soit, ni directement ni indirectement.

ART. 2. L'armée de terre est recrutée, en temps de paix, par enrôlement volontaire sans prime; et en temps de guerre, par enrôlement volontaire avec prime.

La durée du premier engagement est de six ans.

ART. 3. En cas d'envahissement de la France par l'étranger, le premier ban de la garde nationale peut être mobilisé.

DE L'INFANTERIE DE LIGNE.

L'infanterie de ligne est composée de vingt régimens de grenadiers et de trente régimens de chasseurs.

Chaque régiment est composé de trois bataillons (1).

Chaque bataillon de huit compagnies.

Chaque compagnie de cent dix-huit hommes, officiers, sous-officiers, soldats et tambours compris.

Savoir : Un capitaine.	1
Un lieutenant en premier.	1
Un lieutenant en second.	1
Un sergent-major.	1
Quatre sergens.	4
Dix caporaux dont un fourrier. . . .	10
Deux tambours.	2
Quatre-vingt-dix-huit soldats.	98
Total.	118 hommes.

(1) Cette composition est toute arbitraire, et si l'on préférait la composition actuelle par compagnies d'élite et par compagnies du centre, je n'y verrais pas d'inconvénient; mais je préfère mon organisation.

Le grand état-major est composé de la manière suivante :

Un colonel.	1
Un major.	1
Trois chefs de bataillon.	3
Trois adjudans-majors.	3
Un lieutenant porte-drapeau.	1
Un quartier-maître.	1
Trois chirurgiens.	3
Total.	13 hommes.

Le petit état-major est composé de la manière suivante :

Trois adjudans-sous-officiers.	3
Un maître tailleur.	1
Un maître cordonnier.	1
Un tambour-major.	1
Trois tambours-maîtres.	3
Trente musiciens.	30
Total.	39 hommes.

L'effectif de chaque régiment, y compris les musiciens, est de deux mille huit cent quatre-vingt-quatre hommes, ci. 2,884 hommes.

Et l'effectif des cinquante régimens est de cent quarante-quatre mille deux cents hommes, ci. . . . . 144,200 hommes.

DE LA SOLDE DE L'INFANTERIE.

La solde est fixée à quarante-cinq francs par mois pour le simple soldat, ci. . . . . 45 fr.

A cinquante francs par mois pour le fourrier, le caporal et le tambour, ci. 50

A cinquante-cinq fr. pour le sergent, ci. 55

A soixante fr. pour le sergent-major, ci. 60

A soixante-cinq francs pour l'adjudant-sous-officier, ci. 65

A soixante francs par mois pour le maître-ouvrier, ci. 60

A quatre-vingt-dix francs pour le tambour-major, ci. 90

A soixante francs par mois pour le tambour-maître, ci. 60

A quatre-vingt-dix francs pour les musiciens, l'un portant l'autre, ci. 90

A cent vingt-cinq francs pour le lieutenant en second, ci. 125

A cent cinquante francs pour le lieutenant en premier, ci. 150

A deux cents francs pour le capitaine, ci. 200

A deux cent cinquante francs pour le chef de bataillon, ci. 250

A trois cents francs pour le major, ci. . 300

A quatre cents francs pour le colonel, ci. 400

A cent soixante-six francs soixante-six centimes pour l'adjudant-major, le lieutenant porte-drapeau et le payeur, ci. . . . . 166 fr. 66 c.

A cent cinquante francs pour le chirurgien, ci. . . . . 150 fr.

Chaque régiment coûte à l'État, par an,

Savoir :			
	2,352	soldats.	1,270,080 fr.
	288	caporaux, fourriers et tambours.	172,800
	96	sergens.	63,360
	24	sergens-majors.	17,280
	3	adjudans sous-officiers. .	2,340
	2	maîtres-ouvriers.	1,440
	1	tambour-major.	1,080
	3	tambours-maîtres.	2,160
	30	musiciens.	32,400
	24	lieutenans en second. . .	36,000
	24	lieutenans en premier. . .	43,200
	24	capitaines.	57,600
	3	chefs de bataillon.	9,000
	1	major.	3,600
	1	colonel.	4,800
	3	adjudans-majors (1). . . .	6,000
	1	lieutenant porte-drapeau.	2,000
	1	payeur.	2,000
	3	chirurgiens.	5,400
Total. . .	2,884	hommes. Total. . .	1,732,540 fr.

Chaque régiment, pour un effectif de 2,884 hommes, coûte, par an. . . . . . 1,732,540 fr.

Les cinquante régimens, pour un effectif de 144,200 hommes, coûtent, par an. . 86,627,000 fr.

(1) J'ai mis des nombre ronds.

DE LA CAVALERIE.

La cavalerie est composée de trente régimens,

savoir : Dix régimens de cuirassiers;
Dix régimens de chevau-légers lanciers;
Dix régimens de chevau-légers.

Chaque régiment porte le nom du chiffre inscrit sur le bouton (1).

Chaque régiment est composé de trois escadrons;

Chaque escadron de quatre compagnies;

Chaque compagnie de quatre-vingt-onze hommes, officiers, sous-officiers, cavaliers et trompettes compris;

savoir :	Un capitaine.	1
	Un lieutenant en premier.	1
	Deux lieutenans en second.	2
	Un maréchal-des-logis chef.	1
	Trois maréchaux-des-logis.	3
	Six brigadiers, dont un fourrier. .	6
	Deux trompettes.	2
	Soixante-quinze cavaliers.	75
	Total.	91 hommes.

(1) Il serait beau et patriotique, ce me semble, de donner à chaque régiment le nom d'une de nos victoires; exemple : 1er régiment de cuirassiers, Jéna; 1er régiment de chevau-légers lanciers, Wagram, etc. On pourrait rappeler ainsi toutes les grandes victoires de la nation depuis son origine.

Le grand état-major est composé de la manière suivante :

Un colonel. 1
Un major. 1
Trois chefs d'escadron. 3
Trois adjudans-majors. 3
Un lieutenant porte-étendard 1
Un quartier-maître. 1
Trois chirurgiens. 3

Total. . . . . 13 hommes.

Le petit état-major est composé de la manière suivante :

Trois adjudans-sous-officiers. 3
Trois vétérinaires. 3
Un maître tailleur. 1
Un maître bottier. 1
Un trompette-major. 1
Six trompettes d'harmonie. 6

Total. . . . . 15 hommes.

L'effectif de chaque régiment, y compris les trompettes d'harmonie, est de onze cent vingt hommes, ci. . . . . 1,120 hommes.

Et l'effectif des trente régimens est de trente-trois mille six cents hommes, ci. . 33,600 hommes.

DE LA SOLDE DE LA CAVALERIE.

La solde est fixée à cinquante francs par mois pour le simple cavalier, ci. . . . . 50 fr.

A cinquante-sept francs cinquante cent. pour le brigadier et le trompette, ci. .	57	50 c.
A soixante-cinq francs pour le maréchal-des-logis, ci	65	
A soixante-douze francs cinquante cent. pour le maréchal-des-logis-chef, ci. .	72	50
A quatre-vingts francs par mois pour l'adjudant-sous-officier, ci.	80	
A quatre-vingts-dix francs pour le vétérinaire, ci.	90	
A soixante francs pour le maître-ouvrier, ci.	60	
A quatre-vingt-dix francs pour le trompette-major et les six trompettes d'harmonie, l'un portant l'autre, ci. . .	90	
A cent vingt-cinq francs pour le lieutenant en second, ci.	125	
A cent cinquante francs pour le lieutenant en premier, ci.	150	
A deux cents francs pour le capitaine, ci.	200	
A deux cent cinquante francs pour le chef d'escadron, ci.	250	
A trois cents francs pour le major, ci. .	300	
A quatre cents francs pour le colonel, ci.	400	

A cent soixante-six francs soixante-six centimes pour l'adjudant-major, le lieutenant porte-étendard et le payeur, ci. . . . . 166 fr. 66 c.

A cent cinquante francs pour le chirurgien, ci. 150

Chaque régiment coûte à l'État, par an,

Savoir :		
	900 cavaliers.	540,000 fr.
	96 brigadiers et trompettes. .	66,240
	36 maréchaux-des-logis. . . .	28,080
	12 maréchaux-des-logis-chefs.	10,440
	3 adjudans-sous-officiers. . .	2,880
	3 vétérinaires.	3,240
	2 maîtres-ouvriers.	1,440
	7 trompettes d'harmonie, y compris le trompette-major.	7,560
	24 lieutenans en second. . .	36,000
	12 lieutenans en premier. . .	21,600
	12 capitaines.	28,800
	3 chefs d'escadron.	9,000
	1 major.	3,600
	1 colonel.	4,800
	3 adjudans-majors.	6,000
	1 lieutenant porte-étendard.	2,000
	1 payeur.	2,000
	3 chirurgiens.	5,400
Total. . .	11,20 hommes	Total. . . 779,080 fr.

Chaque régiment, pour un effectif de 1,120 hommes, coûte par an.	779,080 fr.
Les trente régimens, pour un effectif de 33,600 hommes, coûtent par an.	23,372,400

DE L'ACHAT DE LA NOURRITURE ET DU FERRAGE DES CHEVAUX.

La cavalerie, moins les chevaux d'officiers qui se montent à leurs frais, réclame au moins 31,000 chevaux, qui, calculés à 600 fr. l'un portant l'autre, sur une moyenne de six ans, coûteront annuellement de prix d'achat. . 3,100,000 fr.

Le nombre journalier des rations, calculé à 33,000 au prix moyen de 1 fr. 5 c., donne par an.	12,647,250
Le fourrage, calculé à 12 fr. par cheval, prix moyen, donne pour 33,000 chevaux.	396,000
Total.	16,143,250
Solde de la cavalerie.	23,372,400
Total.	39,515,650

DES OBLIGATIONS DU SOLDAT ET DES RETENUES A FAIRE SUR SA SOLDE.

Obligations.

Le soldat s'habille, s'arme, se nourrit (1), paie les frais de casernement, son bois de cuisine et son éclairage. A cet effet on lui retient sur sa solde mensuelle :

Pour l'habillement 10 fr. par mois, afin de porter les masses d'infanterie à 90 fr. et les masses de cavalerie à 120 fr. ; pour sa nourriture, les frais de casernement, le chauffage et l'éclairage 23 fr. par mois (2).

Le soldat reçoit par mois, pour sous de poche, les 12 fr. restant disponibles sur sa solde.

Des retenues.

Pendant les six mois d'hiver, à compter du mois d'octobre, il sera accordé des congés de semestre aux officiers, sous-offi-

---

(1) *Nourriture du soldat.*

Pain de munition, 3/4 de kil.	0, 17 c. 1/2
Pain blanc.	0, 5
Viande. 1/4 de kil.	0, 20
Légumes et sel.	17 1/2
Total.	60 c.

(2) Cette retenue de 23 fr. par mois, produisant 276 fr. par an, et la nourriture calculée à 60 cent. par jour, ne donnant pour l'année que 219 fr., il reste donc pour les frais de casernement, de chauffage et d'éclairage, 57 fr. par homme, somme plus que suffisante pour que chaque soldat couche seul et soit chauffé et éclairé.

ciers et soldats qui le demanderont jusqu'à concurrence de la moitié de l'effectif.

Pendant la durée des congés, il sera fait sur la solde des officiers, sous-officiers et soldats, une retenue d'un tiers, qui sera versé à la caisse des pensions de retraite.

Tout soldat ou sous-officier mis à la salle de police perdra, tout le temps qu'il y restera, le quart des sous de poche, qui sera versé à la caisse des retraites (1).

Tout soldat ou sous-officier mis au cachot perdra la moitié des sous de poche, qui sera versé à la caisse des retraites.

Tout officier mis aux arrêts forcés perdra le quart de sa solde, qui sera versé à la caisse des retraites.

Tout officier mis en prison perdra la moitié de sa solde, qui sera versée à la caisse des retraites.

La solde des régimens courra toujours au complet, et les sommes provenant des vacances d'emploi seront versées à la caisse des retraites.

DE L'AVANCEMENT ET DES RÉCOMPENSES.

Article 1er. Tout individu faisant partie de l'armée est apte à parvenir à tous les emplois militaires s'il réunit les conditions de capacité requises.

Art. 2. Nul ne pourra parvenir au grade d'officier s'il n'a deux ans de service effectif;

---

(1) L'on m'a fait observer que les officiers supérieurs, d'après l'ordre du ministre, pourraient être plus que sévères, afin d'augmenter la richesse de la caisse des retraites; mais il est impossible d'empêcher les chefs militaires ou civils de fausser l'esprit de la loi quand ils le veulent : cette objection ne m'a point paru convaincante.

Savoir : six mois comme soldat;

Six mois comme caporal ou brigadier;

Un an comme sous-officier.

Art. 3. La moitié des grades jusqu'au grade de capitaine inclusivement est réservée dans chaque régiment à l'ancienneté.

L'autre moitié des grades jusqu'au grade de capitaine inclusivement est nommée au suffrage par le corps d'officiers de chaque régiment, à la majorité absolue des membres votans (1).

Les grades supérieurs, à partir de celui de capitaine, sont à la nomination du chef de l'État.

Art. 4. Les réglemens qui concernent les décorations restent en vigueur.

DES CONDITIONS DE CAPACITÉ.

Article 1er. Nul ne pourra être admis au grade d'officier, jusqu'à celui de capitaine inclusivement, s'il ne sait lire, écrire et parler correctement le français, les élémens de l'histoire de France et l'arithmétique.

Art. 2. Nul ne pourra parvenir au grade de chef de bataillon ou d'escadron s'il ne sait les élémens de la géométrie, et parler allemand ou italien.

Art. 3. Les examens auxquels seront soumis les officiers ne pourront jamais dépasser le nombre deux, savoir :

Le premier, lorsqu'ils voudront passer du grade de sous-officier à celui d'officier;

(1) Si l'élection directe épouvante, on peut y substituer la candidature.

Le second, quand ils voudront monter du grade de capitaine à celui de chef de bataillon.

DES RETRAITES.

Chaque soldat d'infanterie ou de cavalerie, au bout de trente ans de service effectif, jouira d'une pension de retraite de. . . . . 400 fr.

Chaque caporal ou brigadier de.	450
Chaque sergent ou maréchal-des-logis de. .	500
Chaque sergent-major, maréchal-des-logis chef, tambour-major, trompette-major, de.	550
Chaque adjudant sous-officier de.	600
Chaque lieutenant en second de.	1,000
Chaque lieutenant en premier de.	1,200
Chaque capitaine de.	1,500
Chaque chef de bataillon ou d'escadron de. .	1,800
Chaque colonel de.	2,400
Chaque maréchal-de-camp de.	4,000
Chaque lieutenant-général de.	6,000

Au bout de vingt ans de service effectif, tout soldat, sous-officier, officier qui voudra quitter le service jouira d'une retraite égale à la moitié des sommes mentionnées ci-dessus (1).

Il sera formé une caisse des retraites militaires dont l'État

(1) Je ne verrais aucun inconvénient à ce que les retraites pussent être augmentées en récompense de belles actions, constatées par les états de service.

avancera les fonds, lesquels lui seront rendus, sans intérêt, sur les sommes produites par les retenues.

Je ne doute pas que l'ébauche ci-dessus ne paraisse plus qu'extraordinaire à beaucoup de personnes. L'habitude est un lien si fort que la majorité préfère le conserver toujours plutôt que d'essayer de le briser.

Dès ma plus tendre jeunesse l'aspect d'une foule de mères éplorées que je voyais conduire leurs fils à une mort presque certaine, à chaque départ de jeunes conscrits, m'a toujours indigné et révolté. Tous les raisonnemens que l'on faisait, contre mes objections, sur le droit du pouvoir d'en user ainsi, ne m'ont jamais convaincu.

En vieillissant j'ai pensé que s'il était un moyen d'obtenir des soldats sans user de violence, ce moyen devait être choisi de préférence à tout autre : le recrutement volontaire sans prime en temps de paix et avec prime en temps de guerre m'a paru réunir toute les conditions désirables.

La mobilisation du premier ban de la garde nationale, en cas d'envahissement de la France, assure l'indépendance du pays, et ne viole pas la liberté individuelle, car une nation est, dans ce cas, comme un individu attaqué dans son domicile et qui est forcé de se défendre, quels que soient la modération et la douceur de ses goûts. La mobilisation du premier ban de la garde nationale n'est que l'ordre apporté dans la résistance que la nation oppose à ses envahisseurs. D'ailleurs un peuple fort et nombreux, qui respecte les droits de ses voisins, et ne veut pas conquérir, n'est presque jamais dans la nécessité de recourir à cette grande mesure de salut public, et c'est ce qui fait que je l'ai adoptée sans répugnance.

Une objection, très-forte en apparence, pourrait s'élever contre ce système, c'est qu'il coûte trop cher; mais si l'on réfléchit que les soldats, par les retenues faites sur leur solde, paient leur habillement (1), leur armement, leur nourriture, leurs frais de casernement, leur chauffage, leur éclairage, et fournissent encore, par les retenues sur les semestriers et les punis, les sommes nécessaires à l'acquittement des retraites, l'on trouvera que l'État n'y perdra pas ; car si l'on ajoutait au budget de la guerre les 45,700,000 fr. demandés pour le paiement des retraites militaires en 1832, le chiffre total serait bien plus élevé que celui auquel atteindrait un budget basé sur une organisation analogue à celle que je propose.

Aidé de quelques amis qui ont servi dans la marine, l'infanterie et la cavalerie, j'avais ébauché toutes les parties du budget de la guerre : j'ai préféré ne faire qu'indiquer la marche que nous avons suivie, laquelle pourrait être appliquée aux armes spéciales.

En donnant à la gendarmerie une solde de 60 par mois pour le fantassin, et de 120 par mois pour le cavalier, à charge de nourrir son cheval, en diminuant de moitié la dépense de l'état-major général, et en supprimant les sinécures, le chiffre total du budget de la guerre pour une armée de 220,000 hommes (2), y compris la gendarmerie, ne s'élevait pas au-dessus des sommes précédemment réclamées : il est vrai que le corps des officiers était réduit de plusieurs milliers, ce qui est le contraire de ce qui se fait en France,

---

(1) Les masses et les effets des soldats morts sous le drapeau pourraient être acquis à la caisse de chaque régiment, qui trouverait ainsi les objets nécessaires pour équiper les recrues à leur arrivée au régiment.

Enfin les hommes malades pourraient laisser dans la caisse de l'hôpital les 60 centimes pris journellement sur leur solde pour leur nourriture, de sorte que l'État n'aurait qu'à compléter la journée d'hôpital, et sa dépense diminuerait de moitié sur cet article du budget de la guerre.

(2) Cette armée est plus que suffisante chez un peuple libre en temps de paix.

où le nombre des officiers va toujours en augmentant ; il était de 18,000 et quelque cents en activité en 1830, et il a peu diminué depuis cette époque, quoique les corps d'officiers aient été supprimés.

On m'a objecté que j'avais tort de ne pas demander une augmentation de solde pour les colonels et les officiers de cavalerie.

A cela j'ai répondu que l'état militaire n'était point fait pour enrichir ceux qui s'y consacraient ; qu'il n'était point à désirer qu'il fût embrassé dans ce but ; que jadis la solde du simple soldat et de l'officier n'était pas aussi différente qu'elle l'est maintenant ; enfin que ce n'était qu'une pensée toute d'intérêt publique, mise au jour et livrée à l'examen des hommes probes et amis de l'humanité de tous les partis.

ÉBAUCHE H.

GARDE NATIONALE.

TITRE I.

De la garde nationale sédentaire.

Article 1er. Tout Français, âgé de vingt ans, jouissant des droits civils, est de droit membre de la garde nationale, s'il est porté au rôle des contributions directes, pour une somme quelconque, ou s'il est fils d'un électeur communal;

Il peut réclamer son inscription sur les contrôles et faire le service concurremment avec les autres gardes nationaux.

Art. 2. Tout électeur communal est de droit et de fait membre de la garde nationale, et comme tel assujéti au service local de la garde nationale.

TITRE II.

De la nomination des officiers et des sous-officiers.

Art. 3. Dans les villes où la garde nationale est formée en légion, les officiers jusqu'au grade de capitaine inclusivement sont nommés par les gardes nationaux de chaque bataillon, au scrutin, à la majorité absolue des membres votans.

Les officiers des grades supérieurs à celui de capitaine sont nommés par le Roi.

Art. 4. Dans les villes où la garde nationale n'est pas formée en légion, les officiers jusqu'au grade de lieutenant inclusivement sont nommés par les gardes nationaux de la manière indiquée en l'article ci-dessus (1).

Les officiers des grades supérieurs à celui de lieutenant sont nommés par le Roi.

Art. 5. Dans les bourgs et villages où la garde nationale n'est pas formée en bataillon, les sous-officiers sont nommés par les gardes nationaux.

Les officiers sont nommés par le Roi.

Art. 6. Les sous-officiers et caporaux sont nommés dans chaque compagnie, à l'élection, et à la majorité absolue des membres votans.

TITRE III.

Des conditions de capacité.

Art. 7. Nul ne peut être élu sous-officier ou officier dans la garde nationale s'il ne sait lire et écrire.

TITRE IV.

De l'habillement et de l'armement.

Art. 8. Les gardes nationaux s'habillent à leurs frais.

Ils n'ont droit à conserver un fusil de munition chez eux que lorsqu'ils sont complétement équipés.

---

(1) Dans mon opinion, la garde nationale sédentaire doit être purement communale; il n'y a que la garde nationale mobile qui puisse être organisée par cantons ou par arrondissemens.

Lorsqu'ils ne sont pas équipés, ils vont, les jours de service, chercher un fusil à la mairie et l'y reportent à l'expiration de leur service.

TITRE V.

Des exemptions.

Art. 9. Sont exemptés du service de la garde nationale les ministres des cultes reconnus par la loi, les juges et les chefs d'administrations publiques.

TITRE VI.

Du remplacement.

Art. 10. Tout garde national de service peut se faire remplacer par un autre garde national.

TITRE VII.

De la dissolution de la garde nationale.

Art. 11. Le Roi peut dissoudre la garde nationale par localité.

En cas de dissolution, tous les gardes nationaux qui ont des fusils de munition sont tenus de les remettre immédiatement à l'autorité.

La garde nationale est reformée dans le courant de l'année qui suit l'ordonnance de dissolution.

TITRE VIII.

De la division de la garde nationale.

Art. 12. La garde nationale est divisée en trois bans.

Le premier comprend les hommes de vingt ans à trente ;

Le second les hommes de trente à quarante ;

Et le troisième ceux de quarante à cinquante-cinq.

TITRE IX.

De la garde nationale mobile.

Art. 13. En cas d'envahissement de la France par l'étranger, les célibataires du premier ban de la garde nationale peuvent être mobilisés pour concourir, avec la troupe de ligne, à la défense du territoire.

Ils sont assimilés pour la solde à la troupe, et sont armés et équipés aux frais de l'État.

Art. 14. Les membres du premier ban non mobilisés concourent avec le second ban à la défense de chaque localité.

Les membres du troisième ban veillent au maintien de l'ordre intérieur et à la garde des prisons.

ÉBAUCHE I.

DES JUGES DE PAIX.

Les juges de paix n'étant créés que pour maintenir l'union entre les particuliers, ainsi que leur nom l'indique, je crois qu'il serait bon d'étendre leur juridiction et de leur donner plus de considération en rendant leur place gratuite : à cet effet j'ai conçu l'ébauche suivante.

ARTICLE 1er Il y a une justice de paix par canton.

Sont attachés à cette justice de paix :

1° Un juge de paix ;

2° Un juge assesseur ;

3° Un greffier.

Le juge de paix exerce ses fonctions gratuitement et préside les audiences. Le juge assesseur et le greffier reçoivent les émolumens perçus jusqu'à ce jour ; ils vaquent, comme il est d'usage, à l'apposition des scellés, assistent aux inventaires et enfin remplissent toutes les fonctions auxquelles sont assujétis les juges de paix actuels.

ART. 2. La juridiction des juges de paix reste telle qu'elle est jusqu'à ce jour ; mais elle s'étend, sans appel, sauf le recours en cassation, jusqu'aux litiges dont la valeur n'excède pas *cinq cents francs.*

Art. 3. En cas de différence d'opinion entre le juge de paix et le juge assesseur, le juge de paix choisit un notable du canton, et, à l'audience suivante, le jugement est prononcé à la majorité de deux contre un (1).

Art. 4. Ne sont réputés notables que les citoyens qui ont été ou sont membres d'un conseil communal.

Art. 5. Tout notable qui ne se rend pas à l'invitation du juge de paix est puni d'une amende de cent francs.

Art. 6. Nul ne peut siéger comme notable plus d'une fois par an.

---

(1) Si l'on objecte que le juge de paix choisira un notable de son opinion, et qu'il faudrait mieux s'en rapporter au sort, je ferai observer que le sort pourrait amener, et je dirai même amènerait par trop d'hommes incapables. Le juge de paix, étant forcé de choisir en pleine audience un notable, en cas de désaccord d'opinion entre lui et son assesseur, ne pourra connaître par avance l'opinion de ce notable.

ÉBAUCHE J.

Dans un pays où la liberté de conscience est proclamée loi fondamentale de l'État, et lorsque les évêques n'ont plus de juridiction temporelle, j'ai toujours pensé que l'intervention du souverain dans leur nomination était un acte tyrannique.

Mais, depuis que la Charte de 1830 n'a plus reconnu de religion d'État, persister à maintenir à son profit les concordats, abrogés par l'esprit de la constitution, est, à mon avis, le comble de la mauvaise foi.

L'on objecte que l'État salarie les ministres de la religion catholique et qu'en conséquence il a le droit de choisir leurs chefs : l'État ayant vendu, à son profit, les biens de l'église, ne rend en réalité à ses ministres qu'une faible portion de ce qu'il leur a pris.

Enfin l'on met en avant l'influence que le clergé a sur les esprits, d'où l'on conclut qu'il est dans le droit du gouvernement de choisir lui-même les évêques. L'article 7 de la Charte de 1830 abolit la censure à tout jamais et par conséquent toute mesure préventive; et le clergé, n'ayant aucun privilége, est soumis au droit commun s'il viole la loi. Le prêtre devant la loi n'est rien qu'un citoyen responsable de ses actions.

Sur quoi donc se fonde le prétendu droit du pouvoir d'agir sur les consciences, dans un pays où la loi fondamentale reconnaît la liberté absolue des cultes? Ce n'est pas sur la Charte ; mais comme la Charte est la loi des lois, il est impossible que son esprit ne triomphe pas des petites objections et des entraves du despotisme.

Une fois ce triomphe de la vérité sur l'erreur obtenu, il restera à savoir comment il sera procédé à la nomination des évêques, et sur ce point je n'ai rien trouvé de mieux exposé que les articles sur la promotion des évêques insérés dans les numéros de l'*Ami de la religion* du 8 et du 12 mars et du 7 avril 1831.

DE LA PROMOTION DES ÉVÊQUES.

« Nous avons déjà fait remarquer combien la religion était intéressée dans le choix des évêques, que tous ses intérêts, tous ses pouvoirs, toutes ses doctrines, étaient concentrés dans leurs mains ; nous pouvons donc nous enquérir avec inquiétude si cette haute prérogative sera confiée à des catholiques, ou à des hommes que des affections et des principes connus pourraient tôt ou tard rendre suspects de haine, ou tout au moins de partialité.

» La promotion comprend deux choses, l'élection et l'institution. Depuis l'origine du christianisme jusqu'au concordat de François Ier, l'élection a été faite, tantôt par le peuple et le clergé, tantôt par le clergé seul; ce dernier mode a subi lui-même différentes variations : les évêques de la province, les métropolitains y ont eu plus ou moins de part, et, depuis le sixième siècle jusqu'au seizième, ont plus ou moins obéi aux influences et aux exigences des souverains ou des grands vassaux de la couronne (1).

» L'élection par elle-même ne confère pas la juridiction épiscopale, c'est l'institution canonique qui la donne. Celle-ci, long-temps conférée par les conciles provinciaux, ayant à leur tête les métropolitains, ou par les métropolitains seuls, a été toujours soumise à la haute surveillance du saint-siége; l'on peut même soutenir, sur des monumens respectables, que les métropolitains et les conciles provinciaux n'étaient que ses délégués. Quoi qu'il en soit de ce dernier fait, il est certain que, si le pape ne peut revendiquer comme son droit naturel l'institution canonique, il la possède au moins en vertu d'une loi générale de l'Église, loi à laquelle un concile général pourrait seul déroger (2).

» L'institution étant donc évidemment hors de la discussion, il ne peut être question que de la nomination royale et de l'élection qu'elle a remplacée, depuis les concordats passés avec la France. Encore ne s'agirait-il, pour les pouvoirs politiques, que de savoir s'il a renoncé ou s'il doit renoncer au droit qui lui est conféré par ces traités solennels.

---

(1) On appelle aussi *élection* l'acte par lequel le pape déclare les sujets nommés à l'épiscopat aptes à recevoir l'institution canonique. Cet acte n'est qu'une sorte d'examen préalable qui précède celle-ci. Cette espèce d'élection a commencé sous Clément V, par la réserve des bénéfices dont les titulaires mouraient en cour de Rome; elle s'est étendue sous Benoît XII, et a fini par être substituée aux élections dont nous venons de parler sous Jean XXII, auteur des Règles de la chancellerie (voyez les Inst. can. *de Devoti.*); mais la concile de Bâle et la Pragmatique firent revivre les anciennes élections jusqu'à François Ier.

(2) C'était là un des vices de la constitution civile du clergé. Elle rétablissait une partie de l'ancienne discipline; mais ce rétablissement incomplet et altéré de toute manière n'avait que la vicieuse sanction de l'autorité civile.

Il est évident qu'il n'y a pas encore de renonciation formelle ; mais ne pourrait-on pas dire qu'il en existe déjà une implicite? Quelle est la situation du gouvernement vis-à-vis de la religion catholique? il n'est pas son défenseur exclusif, il ne prétend pas la faire prévaloir par tous les secours que peuvent lui donner l'action de la loi, les faveurs, les priviléges ; il se borne à lui promettre, comme à tous les autres cultes, liberté et protection : liberté, c'est-à-dire qu'affranchie de toute gêne et de toute entrave, elle sera indépendante dans son régime intérieur, dans l'enseignement de sa doctrine, dans l'observation de ses lois de discipline. Cette liberté ne serait-elle pas une illusion, si le pouvoir politique lui imposait des ministres ennemis de cette doctrine et de ces lois? Il promet protection, c'est-à-dire l'appui de la loi pour qu'elle ne soit pas troublée dans l'exercice légitime de ses droits. Ne serait-ce pas encore là tromper grossièrement, si celui qui doit protéger devenait oppresseur? et quelle oppression plus étendue peut-on imaginer que celle qui tendrait à dénaturer le corps épiscopal, et à en faire un vil esclave qui transmettrait aux catholiques français ce qu'il plairait au gouvernement de leur enseigner sur les dogmes, la morale et les canons de l'Église ? Qu'on ne dise pas que notre supposition est hostile et impossible ; elle existe dans notre droit public ; nous avons un souverain catholique, mais la constitution l'autorise, comme tous les Français, à être juif, luthérien, déiste, athée, s'il lui plaît. Il est vrai que le concordat a prévu un changement de religion, et que ce changement entraîne avec lui la perte du droit de nommer aux évêchés ; mais a-t-il prévu celui où la conscience aurait apostasié, où les doctrines et les principes seraient anti-catholiques, tout en conservant quelques dehors de catholicisme? Rien de semblable n'a existé sous l'empire de la constitution antérieure à

1789. Outre que la religion catholique était la seule tolérée, mille obstacles s'opposaient alors à ce que les vœux des catholiques fussent frustrés dans leur attente, par le choix d'évêques qui auraient reçu du pouvoir politique la triste mission de perdre ou de dénaturer le dépôt sacré qu'ils doivent garder et défendre, même au péril de leur vie. Le souverain qui aurait professé intérieurement des doctrines hétérodoxes n'aurait pu, avec le plus grand désir de les faire prévaloir, leur donner pour appui des évêques qui les auraient partagées; il aurait rencontré une opposition invincible.

» Buonaparte, nous dira-t-on, a exercé le pouvoir que vous nous refusez. Buonaparte, répondrons-nous, est-il un interprète infaillible en fait de liberté? est-ce lui que vous invoquez sur la liberté des élections, sur la liberté de la tribune, de la presse, de l'administration municipale? Jusqu'à quand donc aurez-vous deux poids et deux mesures? Si Buonaparte n'a pas respecté la liberté des cultes qu'il avait proclamée, ce n'est pas une raison pour la violer, à son exemple. Il n'est pas question d'ailleurs de la légitimité absolue du droit, tel qu'il a existé à différentes époques de notre histoire, mais de son utilité, de son opportunité dans le temps actuel, et de son harmonie avec la Charte de 1830.

» Nos adversaires auraient aussi mauvaise grâce à nous opposer l'autorité du Pape. Le Pape, leur dirons-nous, a supposé un fait, et vous, vous en supposez un autre qui change totalement la question; il a supposé une profession sincère de la foi catholique, et le désir qu'avait le chef de l'État de la faire sortir de ses ruines; tout l'autorisait à croire que ce fait n'était pas une vaine illusion. Un pouvoir absurde et persécuteur venait d'être renversé, les prêtres exilés rentraient dans leur patrie, les autels relevés, les établissemens religieux rendus à la vie, les temples ouverts aux confesseurs de la foi, dont les fers tombaient en même temps; toutes ces circonstances l'autorisaient à croire que l'auteur de tant de bienfaits mettrait à son œuvre la dernière main, en proposant, pour les églises veuves, des évêques capables d'en cicatriser les plaies et d'en rassembler les débris. Si la confiance du Pape a été trompée, elle ne devait pas l'être. Un autre motif a dû frapper son esprit: l'église de France avait été battue par une des plus horribles tempêtes qu'elle eût encore éprouvées ; le moment était sans doute peu favorable pour ressusciter un droit aboli depuis trois siècles, dont un parti ennemi venait d'abuser d'une manière étrange, pour faire un schisme dans l'église de France, et ajouter ainsi aux maux d'une horrible persécution les maux non moins funestes d'une division intestine. Il était difficile de présenter avec quelque faveur une institution dont le nom seul pouvait inspirer de si justes et de si fortes préventions. Il ne l'était pas moins, même en lui ôtant son caractère schismatique et en réformant son principe démocrate, de prévoir quelles en seraient les conséquences. On conçoit enfin comment un clergé, en partie anéanti, et dont les restes étaient dispersés, ne pouvait être réuni facilement pour élire ses chefs.

» Voilà, autant qu'il est possible de le conjecturer, ce qui a éloigné le souverain pontife de rétablir les anciennes élections à l'époque où fut conclu le concordat de 1801. Il obéit à une nécessité, comme la France obéit au joug qui lui fut donné, et qu'elle préférait à l'anarchie. Cela veut-il dire que le despotisme impérial valait mieux que la liberté que nous assure la Charte? Nous le demanderons aux libéraux, nous demanderons aussi à tous les catholiques si les circonstances sont les mêmes, si rien n'est changé depuis cette époque. Nous nous en rapportons à tout homme impartial qui aura jeté un simple coup d'œil sur la situation actuelle de l'Église et de l'État.

Qu'on n'oublie point qu'il ne s'agit pas de prouver l'injustice du droit actuel, de refuser au souverain pontife le pouvoir de le maintenir ; mais d'examiner s'il est en contradiction avec la liberté des cultes, telle que l'entend la Charte de 1830, ou du moins tel que son esprit nous force de l'interpréter. Une seule réflexion suffira pour rendre cette vérité palpable : personne ne peut faire comme homme public ce qu'il ne peut comme homme privé. Qu'un ministre des cultes ait une foi et une conscience anti-catholiques, se croirait-il coupable de nommer aux évêchés des sujets imbus de ses principes ? il use de sa liberté en professant une croyance qui n'est pas la nôtre, et, s'il y adhère sincèrement, loin de désigner aux siéges vacans les hommes qu'il juge dans l'erreur, il croira devoir, pour faire triompher ce qu'il regarde comme la vérité, désigner des adversaires du catholicisme. Mais s'il s'arrête à ce dernier parti, en obéissant, nous le supposons, à sa conscience, il viole celle de tous les catholiques, il va contre la loi fondamentale, en donnant à leur religion des ennemis pour la combattre, au lieu de la liberté qui lui est promise.

» Nous dirons encore, pourquoi tant de despotisme d'une part et tant de liberté de l'autre ? pourquoi l'Église, étrangère par sa nature aux destinées de l'État, excite-t-elle une si vive sollicitude dans le pouvoir, tandis qu'il témoigne une confiance sans bornes au patriotisme des citoyens, lorsqu'il s'agit de questions de vie ou de mort pour la société tout entière ? Nous dirons, enfin, qu'à une époque où le besoin de liberté était moins général et moins vivement senti, on a réclamé la liberté que nous réclamons aujourd'hui. Depuis le seizième siècle, les parlemens, les jurisconsultes, l'assemblée constituante, tout ce qui, dans l'ancien état de choses, était du parti de l'opposition, et regardé pour ce motif, par le parti libéral, comme digne d'admiration et de reconnaissance, a été favorable aux élections. Si les catholiques aujourd'hui font entendre les mêmes vœux, ce n'est point une raison pour les repousser. Il est vrai qu'ils demandent une liberté catholique, et que leurs adversaires auraient voulu faire prévaloir une liberté turbulente, destructive de l'unité de l'Église et des droits du saint-siége. C'est peut-être là ce qui leur portera malheur. La liberté ne plaît à quelques hommes qu'autant qu'elle porte sur son front un signe de révolte et qu'elle promet le désordre. Nous croyons en avoir assez dit pour indiquer les raisons qu'aurait le gouvernement d'abandonner la nomination des évêques, s'il veut sortir d'une position pleine de contradictions, s'il veut exécuter franchement la Charte et donner à tous les Français le degré de liberté auquel il leur est permis d'aspirer. Ce serait peu toutefois pour notre cause, si nous ne prouvions en même temps que le pouvoir politique est aussi intéressé que nous à son trimphe; ce sera l'objet d'un de nos prochains articles.

» Que le pouvoir politique soit intéressé à se dessaisir de la nomination des évêques, c'est ce qui résulte, tant de l'inutilité de ce droit que des embarras et des mécontentemens, suite inévitable de son exercice.

» Tout est changé en France depuis quarante ans, nos mœurs. nos affections politiques, nos lois, notre constitution. La prééminence de la religion catholique, les dispositions de ceux qui, gouvernent à l'égard du clergé et ses rapports avec lui ne sont plus ce qu'elles ont été pendant quatorze siècles. L'état actuel de la société tend à *spiritualiser* de plus en plus le sacerdoce, c'est-à-dire à séparer le prêtre de la cité, afin de le renfermer dans le temple. Ces changemens ne doivent-ils pas rendre inutile pour les gouvernans la nomination des évêques? Voyons la chose sans préjugés.

» Je remonte au berceau de la monarchie, et j'y trouve les

élections en pleine vigueur, mais continuellement surveillées par le prince, qui s'efforçait de se les rendre favorables. Pourquoi ces précautions multipliées, cette inquiétude si vive de sa part, lorsqu'il s'agissait de donner un premier pasteur à un pays souvent peu étendu? C'est qu'il y avait deux hommes dans l'évêque : c'était un homme voué à la prière, à la prédication de la parole de Dieu, exerçant un ministère pacifique, sans rapport aux habitudes guerrières d'un souverain belliqueux; c'était aussi un seigneur puissant par ses richesses, par ses armes et les châteaux qu'il pouvait ouvrir ou fermer aux armées du prince. Aux yeux d'un souverain pénétrant, l'évêque était pour l'ordinaire un homme plus éclairé et plus propre à acquérir un grand ascendant sur l'esprit des peuples; c'était enfin le maître d'une juridiction très-étendue dans les causes civiles; autre source d'influence. Il réunissait ainsi, à la force morale que lui donnaient la supériorité de ses connaissances et un caractère sacré, la force matérielle que lui conféraient les lois et les usages de cette époque. Est-il surprenant que, malgré les vives réclamations des conciles en faveur de la liberté des élections, les rois de France, poussés par un intérêt que nous n'avons garde de présenter comme une excuse, aient exigé qu'on recourût à eux pour obtenir la permission de pourvoir le siége vacant, ou pour faire confirmer le sujet élu, ou pour connaître celui qu'il fallait élire, ou pour recevoir sans élection celui que le bon plaisir du roi désignait (1)? Rien de tout cela ne doit surprendre à une époque où il régnait une si grande confusion dans la société et dans les lois destinées à la régir; une seule chose peut étonner, c'est que les parlemens où siégeaient tant d'hommes éclairés

---

(1) On trouve, dans l'histoire de l'église gallicane, des faits qui répondent à ces différentes manières d'intervenir dans les élections.

aient voulu fonder une sorte de suprématie spirituelle pour le prince, sur des voies de fait, repoussées comme telles au sein même du désordre le plus complet. Quoi qu'il en soit de ces entreprises, qui cessèrent plus tard par suite d'une concession légitime, il est évident que les souverains avaient alors un intérêt dont il ne subsiste pas le moindre vestige.

» Depuis le seizième siècle jusqu'à la première révolution française, la nomination royale, quoique fondée sur d'autres motifs, pouvait encore être regardée comme un attribut important de la couronne. Les évêques n'étaient plus de puissans vassaux, mais ils étaient membres des états-généraux, les chefs du premier corps de l'État, les premiers administrateurs de vastes propriétés; mine féconde de subsides dans les embarras des finances. Les établissemens de charité, les colléges, les communautés religieuses dont l'importance n'était pas à dédaigner, dépendaient des évêques choisis pour la plupart dans des familles nobles; cette dernière circonstance en faisait un lien de plus entre les gentilshommes et le prince. Ce n'est pas que les parlemens ne fussent un contre-poids redoutable à la puissance des évêques, mais ceux-ci luttaient au moins avec avantage. Je conçois donc l'intérêt que les successeurs de François Ier ont eu de conserver le concordat.

» Buonaparte, quelle que fût sa pénétration naturelle, surtout lorsqu'il s'agissait de fortifier son pouvoir, ne fut-il pas trompé par des souvenirs plutôt qu'éclairé par un intérêt véritable, quand il voulut retenir la nomination aux évêchés? nous sommes disposés à le croire. Des évêques salariés par le trésor, dépouillés de toute espèce d'autorité civile et politique, obligés de recourir, pour les affaires les plus spirituelles, à des ministres qui n'étaient que les instrumens dociles d'un maître absolu, pouvaient-ils porter quelque ombrage à un souverain qui faisait trembler l'Europe?

» La restauration, malgré son désir de faire une transaction entre les temps anciens et nouveaux, fut trop libérale dans la concession de certaines lois hostiles contre elle et contre la société, et ne le fut pas assez en faveur de quelques libertés inoffensives dans l'ordre politique et religieux ; nous ne craignons pas de compter dans cette dernière classe la liberté des élections. Nous sommes plus convaincus que personne de l'injustice avec laquelle on a attribué au clergé une influence qu'il n'a pas eue réellement. Toutefois, au lieu de placer au conseil d'État quatre ou cinq évêques qui n'ont jamais rien conseillé, à la chambre haute quinze ou dix-huit pairs qui ont à peine ouvert la bouche pour réclamer en faveur des grands intérêts de la religion, n'eût-il pas mieux valu que le clergé eût abandonné ce fantôme de puissance, objet de jalousie et sans réalité, afin de réclamer d'autres droits, qui n'auraient excité l'envie de personne, et auraient tourné au profit de la cause sacrée que l'épiscopat est chargé plus que tout autre de défendre? Nous ne doutons pas que le plus grand nombre n'eût accueilli cet échange d'une faveur stérile contre une liberté utile. Sans doute que l'on a été sourd à leurs vœux, ou que la Providence, qui a aussi de profonds mystères, n'a pas permis cette honorable transaction.

» Ce qui n'a pas été accordé jusqu'ici, le nouveau gouvernement est-il disposé à nous l'accorder? Nous ignorons ses opinions, mais voici comme nous concevons ses intérêts. En retenant la nomination des évêques, vous ne pouvez avoir d'autre motif que de conserver un moyen d'influence politique. Eh bien! nous venons de démontrer qu'il n'existe plus tel qu'il a existé dans des temps déjà bien éloignés de nous. La chose est plus impossible que sous Buonaparte, que sous Louis XVIII ou Charles X : sous ce rapport seulement, nous avons avancé de plus d'un siècle. Le libéralisme, aujourd'hui tout-puissant dans le commerce, dans la moyenne propriété, au barreau, dans la classe des hommes de lettres, parmi ceux qui sont au pouvoir et ceux généralement qui exercent une influence quelconque, ne veut point que le clergé ait une autorité politique; s'il est des exceptions, elles sont si rares qu'on peut les négliger. Le clergé sent lui-même qu'il compromettrait la religion et ses intérêts les plus chers, en luttant contre une force pareille. On veut qu'il reste dans l'Église, il est disposé à y rester, tout le monde est donc d'accord.

» Qu'on ne dise pas que le clergé forme des regrets, et qu'il est placé favorablement pour les insinuer dans une partie de la population. Voulez-vous les faire cesser, détruisez la seule cause qui puisse en faire une source réelle de troubles, entrez franchement dans l'esprit de la loi qui proclame la liberté religieuse. La pire servitude serait celle qui s'exercerait sous le manteau et avec les apparences trompeuses de la liberté; nous verrions alors peser à la fois sur nous la licence et le pouvoir qui s'en ferait le complice. S'il est démontré à tous les catholiques que vous n'avez aucune arrière-pensée, que vous ne voulez point substituer la ruse à la violence, faire dessécher l'arbre de la religion sur sa racine, ne pouvant sans péril le couper avec le fer; que vous ne refusez au clergé que des honneurs, des priviléges, une influence politique; si telles sont vos dispositions, vous n'avez point à redouter ses plaintes, et si quelques-uns de ses membres se plaignent, vous n'avez point à craindre que leurs doléances soient accueillies; l'immense majorité les repoussera; les chrétiens les plus pieux, les plus attachés à leur foi, les plus dévoués au sacerdoce catholique, sentiront qu'il n'y a que des pasteurs mercenaires qui puissent refuser de pratiquer eux-mêmes la doctrine qu'ils prêchent aux autres. Mais il y aurait un danger réel et plus grave peut-être qu'on l'imagine à essayer, même avec adresse, de dénaturer le corps épiscopal, en le rendant le vil complaisant et un souple instrument du pouvoir politique. Nous ne disons pas qu'un tel projet existe, chacun est libre de juger par des actes extérieurs les intentions et les desseins du ministère. Pour nous, nous nous abstiendrons d'émettre une opinion; nous remarquerons seulement que des soupçons, des craintes produisent quelquefois le même effet que des actes consommés. Or un moyen facile de les détruire, c'est de renoncer à la nomination royale et à toute autre espèce d'intervention dans nos affaires. Il est une dernière crainte que nous devons dissiper. Le gouvernement, dira-t-on, abandonnant ce choix des évêques, n'a-t-il pas à redouter qu'ils ne soient choisis parmi les amis de la monarchie déchue? n'est-ce pas dans le clergé qu'elle compte encore le plus d'amis? Le clergé est, avant tout, ami de la religion; il peut, comme toutes les autres classes de la société, avoir des opinions sur les droits d'un souverain à la couronne; personne n'est obligé d'admettre comme un article de foi la souveraineté du peuple et d'y souscrire comme à un symbole. Pour nous, nous croyons au droit divin; non pas à celui que nos adversaires rendent absurde pour en triompher plus aisément, mais à ce droit qui a prévalu chez tous les peuples, et qui consiste à regarder comme consacrés par Dieu les titres acquis à un trône, comme il consacre les titres légitimes à un héritage, à un nom, à une chose quelconque. Si cette doctrine vous est suspecte, comparez-la avec celle que vous professez, et vous verrez que celle-ci est pleine pour vous de périls que l'autre tend à éloigner de dessus vos têtes. A quelque subtilité qu'on ait recours, il y a toujours au fond de la doctrine de la souveraineté du peuple une mine féconde de révolutions. Celui qui peut donner la souveraineté peut l'ôter; vous avez beau multiplier les précautions légales, faire des clartés des déclarations d'inviolabilité en faveur du pouvoir, c'est en dernière analyse le peuple qui est maître de ces formes, et le peuple ce sont les intrigans, les ambitieux qui le poussent aux bouleversemens, pour y trouver quelque chance de fortune. Combien est plus rassurante pour vous la doctrine de ceux qui proclament la nécessité d'obéir aux lois, tant qu'elles ne constituent pas elles-mêmes une violation flagrante du droit divin naturel, qui regardent comme coupable celui qui, même en combattant pour des droits légitimes, allumerait le flambeau de la guerre civile ou étrangère. Le liberalisme ne pourrait accuser de tels principes que de n'être pas assez amis de la liberté; mais le pouvoir qui les redouterait serait plus que pusillanime, lorsqu'il sait surtout que ceux qui les professent sont, autant par leurs affections que par un invincible préjugé du siècle, disposés à s'isoler de tout ce qui appartient à un ordre politique. Toutefois, s'il n'y a aucun danger pour le gouvernement à abandonner la nomination des évêques, il y en a un pour lui à la retenir. En la délaissant, il ne peut mécontenter personne; s'il l'exerce, il peut exciter des plaintes vives et persévérantes. Les vrais catholiques et le clergé ne porteront jamais à la révolte, ils exhorteraient au contraire à la paix et à l'union, même sous le poids des actes hostiles qu'on se permettrait à leur égard; mais enfin il est permis de se plaindre, d'invoquer les droits de la justice, d'user de la liberté que donne la loi : vous nous deviez un évêque, catholique non-seulement par la profession extérieure de la foi, mais par la conviction intime de son esprit et les affections les plus vives de son cœur; vous donnez un homme souple, dont la doctrine et les sentimens sont un problème, ou ne sont peut-être que trop connus. Nous nous en plaindrons à Dieu et aux hommes; nous dirons hautement qu'on veut asservir la religion; que la plus libre, la plus noble des institutions est la seule soumise à un indigne asservissement, et en cela nous serons parfaitement dans l'ordre légal. Ces plaintes sans doute n'armeront le bras de personne; mais si elles retirent l'affection et la confiance qui constituent la vraie force du pouvoir, si elles indignent tous les vrais catholiques et ceux même qui ne le sont pas, mais qui possèdent un cœur généreux et aiment la liberté pour les autres comme pour eux-mêmes, le pouvoir se sera créé, sans aucune espèce de profit, un danger d'autant plus grave qu'il sera suscité par une opposition plus calme et plus persévérante, qu'il sera combattu et par ses propres principes et par ceux des catholiques, qu'enfin il aura contre lui la justice, le plus redoutable des ennemis, quand il s'agit de la plus sainte des causes. Il ne nous reste plus qu'à examiner les difficultés que redoutent quelques personnes, comme une suite inévitable du rétablissement des élections; ce sera l'objet du troisième et dernier article.

» Les élections canoniques rappellent tant de souvenirs peu honorables qu'il nous a fallu quelque courage pour essayer de les réhabiliter dans l'opinion de nos lecteurs. On les voit traîner à leur suite des intrigues, un trafic coupable, des troubles publics, des appels interminables et un long veuvage des églises vacantes.

» Pour juger si ces abus se reproduiraient aujourd'hui, il est un moyen bien simple, c'est d'examiner avec soin si nos électeurs ressembleraient à ceux auxquels l'histoire reproche de si graves abus. Je ne vois que deux systèmes principaux qui soient possibles : ou l'élection serait faite par les supérieurs naturels de l'élu, ou par ses inférieurs.

» Si l'élection était confiée aux supérieurs de l'élu, ce droit appartiendrait naturellement aux évêques de la province, présidés par le métropolitain : le second système consisterait à faire élire l'évêque par le clergé seul, ou par le clergé réuni à un certain nombre de laïcs. Nous n'adoptons ni ne rejetons d'une manière absolue aucun de ces modes d'élection; cependant nous indiquerons brièvement les motifs qui nous feraient préférer un collége électoral composé des évêques de la province, du métropolitain et des vicaires généraux capitulaires du siége vacant. Une semblable réunion rendrait impossible, sinon l'erreur et quelques choix de faveur, du moins les intrigues et les sollicitations, qui seraient rares, sans doute, dans une réunion des prêtres du diocèse, mais qu'il suffirait d'y voir quelquefois et à de longs intervalles, pour affaiblir dans l'esprit des fidèles le respect dû au sacerdoce.

» Oh! que la nomination des évêques, dit un magistrat, apparaîtrait aux peuples plus sainte et plus auguste, si le corps électoral était placé plus haut que l'élu dans l'esprit des fidèles, s'il était pur de tout soupçon d'intérêt et de cabales, s'il était tout à la fois le corps le plus éclairé, le plus indépendant, le moins prévenu qu'il fût possible de concevoir! Tous ces avantages ne sont-ils point réunis dans un conclave présidé par le métropolitain, ou, à son défaut, par le doyen des évêques de chaque province ecclésiastique, et composé des suffragans de la métropole ou des délégués qu'ils auraient choisis? Le diocèse à pourvoir y serait représenté par les deux premiers vicaires généraux chargés par le chapitre d'administrer le siége vacant. Plus de ces déplacemens impossibles dont vous parlez. Nulle difficulté à réunir un si petit nombre d'électeurs. Chaque prélat se ferait une loi d'assister au conclave en personne. Ainsi serait assurée la pureté de doctrine de l'élu à l'épiscopat. D'un autre côté, le mérite éminent, mais étranger au diocèse à pourvoir, ne serait point méconnu par l'ignorance ou repoussé par les préférences locales : rien qui rappelât le tumulte et les transactions rarement nobles des élections politiques; rien qui ne fût imposant et empreint d'avance, aux yeux des fidèles, comme d'une consécration d'en haut (1). »

» Si l'élection n'était pas confiée aux évêques, elle devrait l'être au clergé du diocèse. Un journal a proposé d'adjoindre un certain nombre de laïcs notables et de présidens de fabriques au chapitre et aux curés. Cette combinaison nous paraît avoir des dangers. Les laïcs sont en général des juges moins éclairés des vertus et de la science propres à un évêque. A qui confier d'ailleurs le choix de ces notables? Serait-ce à l'Église? elle établirait un privilége odieux pour ceux qui n'y seraient pas admis; à l'État? vous le rejetez dans des affaires d'où vous avez voulu l'exclure. Cette institution serait combattue avec avantage par un autre motif: pourquoi établir une différence entre ceux qui professent extérieurement la même religion? Dans les élections politiques, le cens détermine le privilége : ici rien ne le fixerait, car il n'entre pas dans l'esprit des auteurs du projet de lui donner pour base la quotité de l'impôt. Penseraient-ils à ne composer leur réunion de notables que des catholiques les plus zélés? mais la foi et la piété, comme toutes les qualités morales, ne sont point sujettes à une appréciation précise. Les conditions du privilége étant indéterminées, le collége électoral tendrait sans cesse à s'agrandir, et se transformerait bientôt en une assemblée populaire. Quant aux présidens des fabriques, la plupart de ces administrations sont tellement négligées et les nominations sont si irrégulières, si incertaines, qu'il serait difficile de ne pas s'exposer à introduire dans le collége des

---

(1) Voyez *le Correspondant* du 3 novembre. Ce journal, en insérant l'opinion que nous venons de rapporter, donne la préférence à un autre système électoral que nous allons discuter.

électeurs dépourvus d'un titre légitime. C'est donc dans le clergé, et dans le clergé seul du diocèse, qu'au défaut des évêques de la province, nous trouverions le plus de garantie en faveur d'un bon choix. Tous les prêtres seraient-ils admis, ou seraient-ils représentés par ceux d'entre eux qui sont révêtus d'un titre inamovible et qui exercent d'importantes fonctions? Les mêmes motifs qui nous ont fait préférer les évêques de la province nous feraient pencher aussi en faveur de l'élite du clergé d'un diocèse. Si nos chapitres actuels sont trop peu nombreux pour leur attribuer le privilége exclusif d'élire le premier pasteur, il y aurait aussi quelque inconvénient à l'étendre à tous les membres du clergé : on pourrait redouter la confusion dans une assemblée aussi nombreuse, trop de vivacité, pas assez de discernement de la part de ceux qui ont été récemment promus au sacerdoce. Les curés en titre, les supérieurs des séminaires, le chapitre, les vicaires généraux capitulaires, formeraient une assemblée où l'âge, l'expérience, la vertu auraient sans doute une immense prépondérance. Les anciens chapitres, qui, depuis le douzième jusqu'au seizième siècle, ont donné des évêques à la France, n'offraient pas, ce semble, autant de garanties. Quelque éloignée que soit de nous l'époque que nous venons d'indiquer, il est bon de la rappeler un instant à l'esprit, pour dissiper les préventions fondées que les anciennes élections ont laissées dans un grand nombre de très-bons esprits.

» Cette époque était, il faut en convenir, remarquable par un profond sentiment de foi. Il y avait de grands exemples de vertu, des dévouemens héroïques, c'est-à-dire tout ce que la religion inspire à des caractères pleins d'énergie ; mais nous y voyons aussi l'éducation ecclésiastique très-négligée, les chapitres se recrutant, soit dans les familles nobles, où prédominaient les habitudes et les affections guerrières, un esprit turbulent, un grand amour de l'indépendance ; soit dans les universités, qui laissaient tant à désirer sous le rapport de l'éducation cléricale. Combien de prétentions orgueilleuses, d'intrigues, d'émeutes, ne nous offre point l'histoire de ces corps savans? Le droit de patronage, dans les chapitres qui y étaient sujets, pouvait-il y faire entrer des sujets bien distingués, lorsque la plupart des seigneurs qui en jouissaient n'étaient point capables de les discerner? Enfin l'éducation et l'instruction, telles qu'on les donne dans nos séminaires, ne doivent-elles pas former un clergé bien différent de celui qui sortait des écoles de Paris et d'Oxford ou de l'enceinte de quelque vieux manoir? voilà une première différence dont il faut bien tenir compte. En voici une seconde : il n'y a jamais eu de lois précises sur la forme à suivre dans les élections. Les règles observées à cet égard se composaient d'une suite de décisions émanées du saint-siége. Elles avaient l'inconvénient de celles qui ne reposent que sur une jurisprudence, ou sur des coutumes, ou sur des lois éparses qui n'ont jamais été coordonnées avec soin ; elles étaient trop nombreuses, trop compliquées et souvent trop vagues. Citons un exemple de ce dernier défaut : lorsque les électeurs avaient choisi un indigne, ils étaient dépouillés de leurs droits. *Carent eligendi jure*, dit le droit..... *Indignum scienter eligentes* (1).

» Mais comment constater cette indignité? Le droit de cette époque nous fournit quelques signes certains : *Celui qui est irrégulier, suspect, interdit, etc.*, ce sont là des faits faciles à constater. Mais on était indigne aussi, si on n'avait pas la science compétente, une fois pure, des mœurs vertueuses : *Sana religio, et morum virtus, et idonea scientia.* L'électeur qui, avant de donner son suffrage, ignorait une de ces cho-

(1) Voyez *Devoti Institutiones, can.*, lib. 1, tit. v, sect. 1, n° 15.

ses, était pour un temps considérable privé de son droit. Mais comment pouvait-il s'en assurer? était-il toujours capable de faire un examen judicieux? avait-il la faculté et la possibilité d'apprécier *la science competente* nécessaire à un évêque et l'exactitude de sa doctrine? Et cependant, si des électeurs si faciles à être trompés concouraient à l'élection, elle pouvait être annulée; il y avait lieu à un appel à Rome, à un procès, à d'interminables discussions. Autre exemple : le droit d'élire était suspendu pendant trois ans, à l'égard de ceux qui avaient concouru à une élection irrégulière; mais un vice de forme est bien facile, quand les règles sont nombreuses et compliquées. Cependant une omission de ce genre pouvait être saisie par un intrigant, déféré à Rome, et offrir des chances à l'ambition déçue dans une première élection.

» Si, aux règles des anciennes élections, on en substituait en petit nombre, mais claires et précises; si on appelait à les exécuter l'élite du clergé d'un diocèse, nous n'aurions, ce semble, à redouter aucun des inconvéniens qui ont existé autrefois. Nous ne savons si c'est une illusion que nous nous faisons, mais nous aimons à croire qu'alors les siéges épiscopaux seraient remplis, sinon par des hommes d'une science profonde, du moins par des prêtres qui auraient donné des preuves de leurs vertus, de leur zèle et d'une capacité incontestable. Ce serait presque toujours l'ecclésiastique le plus distingué d'un diocèse qui emporterait les suffrages. Après avoir exercé les fonctions du ministère pastoral, il serait plus propre à diriger ses anciens confrères; connaissant les usages, les mœurs et les personnes du pays, il aurait, dès les premiers jours de son épiscopat, des connaissances pratiques qu'un inconnu ne peut acquérir qu'après plusieurs années d'exercice. La nomination ou élection faite par les évêques offrirait, sous ce dernier rapport, un moindre avantage;

mais il serait plus que compensé par l'absence des inconvéniens que nous avons signalés. C'est donc principalement entre ces deux modes que nous désirerions que l'autorité compétente fît un choix. Quant à la nomination royale, que nous avons déjà examinée dans l'intérêt du gouvernement, nous sommes plus que jamais persuadé qu'elle compromettrait l'intérêt du clergé et le sort de la religion.

» Il ne faut plus compter qu'un évêque recommandable par les lumières et les vertus, jouissant de la confiance de ses collègues, entretenant des relations avec les prêtres les plus distingués de chaque diocèse, sera désormais chargé de présenter au roi les sujets à nommer. Le clergé aura affaire à un ministre des cultes qui, le plus souvent, ne le connaîtra que par des rapports intéressés, lorsqu'ils ne seront pas malveillans et hostiles. Mais, n'y aurait-il de sa part qu'une ignorance complète des qualités qui conviennent à un évêque vraiment digne de ce nom, ce serait déjà un défaut capital.

» La nomination royale, qui nous a donné des Bossuet, des Fénélon, des Belzunce, des Massillon, cet épiscopat français qui, au moment de notre première révolution, faisait l'admiration de Burke, protestant anglais, a fait parvenir depuis 1802, à la même dignité, des prélats respectables. Les temps qui nous ont précédés sont donc généralement favorables au mode suivi jusqu'ici ; et cependant, nous ne craignons pas de le dire, l'élection telle que nous la concevons n'aurait pas donné à l'Église des sujets moins distingués, et lui aurait infailliblement épargné quelques évêques plus propres à une politique mondaine qu'à des fonctions évangéliques. Nous aurions eu quelques prélats moins habitués aux usages du monde, mais plus apostoliques, plus simples, plus dévoués à un ministère pénible, quand on a le courage de le remplir dans toute son étendue. Malgré la sévérité et la droiture des ministres de la feuille, la cour, qui n'est pas le meilleur juge des vertus et de la simplicité propres à un pasteur, obtenait quelquefois des choix dont l'expérience venait révéler plus tard le peu de discernement.

» Nous ne disons pas que de pareils abus ont été nombreux ; ils n'ont guère existé peut-être qu'à une époque, dans la dernière moitié du règne de Louis XV : mais enfin ils ont existé, et nous pensons qu'ils n'existeraient pas avec l'élection telle qu'on pourrait l'établir. Nous sommes surtout convaincu que celle-ci serait, dans notre situation présente, infiniment préférable à la nomination royale. Qu'aurions-nous aujourd'hui, grand Dieu ! quelques prêtres dégoûtés d'un ministère pénible, et ayant appris sur le pavé de Paris à ourdir de coupables intrigues pour satisfaire une coupable ambition ; quelle différence avec des sujets respectés d'une contrée tout entière qu'ils auraient édifiée par une vie régulière et une pratique constante des vertus sacerdotales ! Quel avantage et en même temps quelle garantie rassurante pour l'Église de France que la noble émulation qui s'établirait dans les diocèses, pour mériter par une vie irréprochable, par un zèle sage et éclairé, par une instruction solide et étendue, les suffrages des prêtres les plus distingués et les plus justes appréciateurs du mérite d'un évêque ! Combien la déférence à un tel chef serait plus prompte et plus facile ! combien celui-ci serait plus disposé à un gouvernement paternel, plus propre à inspirer une juste confiance, un respect filial pour ses ordres et ses décisions !

» En attendant que le souverain pontife ait prononcé sur cette grande question, qu'il ne décidera sans doute qu'après avoir résilié le contrat qui le lie à notre gouvernement, et consulté le clergé de France, si vivement intéressé dans la composition de son épiscopat, nous invitons tous ceux qui ont à cœur les intérêts les plus sacrés de la religion à examiner sans préjugés ce que nous avons écrit avec un désir sincère d'assurer à notre Église un avenir plein de gloire et de durée. »

Depuis quarante ans tous les efforts des ennemis de la religion catholique ont tendu à empêcher ses ministres de rien acquérir à titre perpétuel. Il y a beaucoup à dire pour et contre cette opinion, et je n'entreprendrai pas de la résoudre ici. Je ferai seulement observer qu'entre les abus de l'ancien régime et l'état actuel, il serait facile de trouver un point intermédiaire qui serait avantageux au gouvernement.

Voici mon idée dans toute sa simplicité :

Il existe beaucoup de villages qui sont privés de prêtres, et la morale publique en souffre ; il est d'autres paroisses qui sont habitées par un grand nombre de pauvres ; pourquoi ne pas permettre aux églises de recevoir des legs, et, lorsque ces legs auraient assuré une existence honorable au curé, et l'auraient mis à même de faire du bien, pourquoi ne pas supprimer le traitement fait par l'État, lequel pourrait alors avec l'argent provenu de ces suppressions payer des prêtres dans les communes pauvres qui maintenant n'en n'ont pas ?

Si l'on objecte que l'État perdra les droits de mutation sur les biens de fabriques (car c'est aux fabriques que je voudrais donner le droit d'acquérir par legs ou à titre onéreux), l'on peut frapper leurs biens du double de l'impôt ordinaire.

ÉBAUCHE K.

DE LA NOBLESSE.

La noblesse ayant perdu de son éclat par suite de quelques nominations de pure faveur, par l'opposition de quelques-uns de ses membres à l'ordre nouveau des choses, et par la perte d'une partie de sa fortune, j'ai pensé qu'un moyen de relever cette institution dans l'esprit des peuples était de la reporter à son origine c'est-à-dire, de la faire surgir des services rendus au pays et reconnus par l'opinion.

J'ai donc conçu l'ébauche suivante :

Article premier. Tout Français qui est élu cinq fois membre de la Chambre des députés des cantons des provinces prend le titre héréditaire de Clarissime I.

Art. 2. Tout Français qui est élu trois fois membre de la Chambre des députés des provinces aux états-généraux prend le titre héréditaire de Clarissime I.

Art. 3. Tout Français, fils de Clarissime, qui se trouve, par le suffrage des électeurs, dans le cas de prendre le titre de Clarissime, ajoute I à son titre, et ainsi de suite (1).

L'on obtiendrait, par ce moyen, une noblesse ascendante

(1) Le fils d'un clarissime serait dans ce cas clarissime II. Son petit-fils, en pareille circonstance, clarissime III.

qui pourrait toujours s'accroître et stimuler l'ardeur des jeunes nobles, tandis qu'une noblesse à titres héréditaires fixes énerve souvent le cœur.

Cependant je ne crois pas qu'il fût bon de supprimer l'article 62 (1) de la Charte de 1830 ; car il est beaucoup de services rendus au pays, loin de la tribune politique, qui doivent être récompensés.

Mais ces deux noblesses, puisées à des sources différentes, me paraissent devoir vivifier le pays : le comble de la gloire serait de les posséder toutes les deux.

Il serait beau de voir celui que la faveur royale aurait récompensé d'un titre venir demander dans les assemblées électorales le baptême populaire.

---

(1) Art. 62 : la noblesse ancienne reprend ses titres, la nouvelle conserve les siens. Le roi fait des nobles à volonté ; mais il ne leur accorde que des rangs et des honneurs, sans aucune exemption des charges et des devoirs de la société.

ÉBAUCHE L.

PROJET LÉGISLATIF SUR LA RESPONSABILITÉ DES AGENS MINISTÉRIELS.

ARTICLE PREMIER. Tout individu jouissant des droits de citoyen, qui se croira lésé dans l'exercice desdits droits par un agent ministériel, aura le droit de le poursuivre en réparation devant la cour royale du ressort, toutes les chambres assemblées.

ART. 2. Avant toute poursuite ultérieure, le plaignant sera tenu de déposer au greffe de la cour une somme de 500 fr. pour caution des frais de délivrance du jugement, en cas de perte de sa cause.

ART. 3. Dans le cas où la cour jugerait que le magistrat inculpé a transgressé la loi et outrepassé son droit, elle le réprimandera par l'organe du premier président, et le condamnera aux frais.

ART. 4. En cas de gain de la part du plaignant, les 500 fr. déposés au greffe de la cour lui seront rendus.

En cas de perte, les 500 fr. seront perdus pour lui ; et, s'ils ne sont pas absorbés par les frais de délivrance et d'affiche du jugement, le surplus sera versé dans la caisse de l'hôpital le plus nécessiteux du ressort.

Art. 5. Tout agent ministériel absous pourra intenter une action en réparation contre son accusateur.

FIN.

EVERAT, imprimeur, rue du Cadran, N° 16.

www.ingramcontent.com/pod-product-compliance
Ingram Content Group UK Ltd.
Pitfield, Milton Keynes, MK11 3LW, UK
UKHW012216240726
13966UKWH00003B/798

9 782011 753038